Tu entorno de aprendizaje Saviadigital

(www.smsaviadigital.com)
Tu sitio en la web para aprender y divertirte.

Ponte a punto

Actividades iniciales para recordar lo que ya sabes y prepararte para seguir aprendiendo.

Practica/Cálculo mental

Actividades para que no se te olvide lo aprendido. Juegos para que practiques el cálculo mental divirtiéndote.

Juego

Resuelve problemas/Investiga

Resuelve problemas, paso a paso y realiza actividades para que investigues en la web.

Entrénate en la web

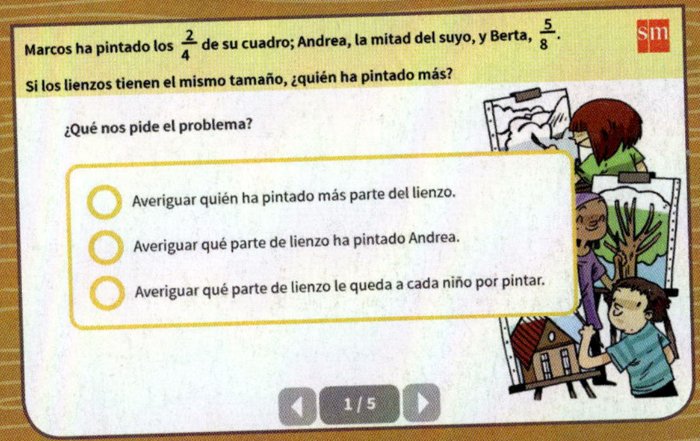

Valora lo aprendido

Actividades finales con las que comprobarás todo lo que has aprendido y cómo has trabajado.

Entrar en Saviadigital es fácil:

1. Escribe en internet la siguiente dirección: smsaviadigital.com
2. Regístrate. Anota y recuerda tu usuario y contraseña.
3. Introduce el número de licencia que encontrarás nada más abrir tu libro.

Índice

Comenzamos

ADIVINO TU PENSAMIENTO

20	40	29	53
17	37	26	50
25	45	34	58
16	36	25	49

1.º Elige un número de la tabla, rodéalo.

2.º Tacha los que están en su fila y en su columna.

3.º Elige otro número que no esté tachado y repite el proceso anterior.

4.º Elige un número más entre los que quedan y repite el proceso.

5.º Suma los tres números rodeados, y el que ha quedado sin rodear. ¿Da 140?

COMPARANDO NÚMEROS

¿Qué suma es mayor?

¿Es necesario hacer las sumas?

Pares y nones

3.485 + 2.637 = 6.123

3.792 – 2.896 = 1.095

4.709 + 3.797 = 9.505

Sin realizar las operaciones, ¿sabes por qué son incorrectas?

Sobrevive a temperaturas de 50º bajo cero gracias al calor que se proporcionan unos a otros.

EL LARGO VIAJE DEL EMPERADOR

El pingüino emperador macho se alimenta de peces, pero cuando llega el invierno austral se adentra en la tierra de 50 a 100 km para encontrarse con la hembra. Allí permanece, ¡en ayunas!, durante unos dos meses incubando el huevo. En total, pasa unos 100 días sin probar pescado, en los que pierde un tercio de su masa corporal. ¿Qué masa perderá un pingüino de 39 kg?

LA TABLA DE PITÁGORAS

- ¿Puedes encontrar las tablas de multiplicar en la siguiente tabla?
- ¿Qué números entre 1 y 30 no salen en la tabla?
- ¿Cuántos números diferentes aparecen?
- ¿Cuál es el número que más veces sale?
- ¿Puedes observar en la tabla alguna propiedad de la multiplicación?

1	2	3	4	5	6	7	8	9	10
2	4	6	8	10	12	14	16	18	20
3	6	9	12	15	18	21	24	27	30
4	8	12	16	20	24	28	32	36	40
5	10	15	20	25	30	35	40	45	50
6	12	18	24	30	36	42	48	54	60
7	14	21	28	35	42	49	56	63	70
8	16	24	32	40	48	56	64	72	80
9	18	27	36	45	54	63	72	81	90
10	20	30	40	50	60	70	80	90	100

Llegar a 23

Busca un compañero para jugar.

El primer jugador dice un número entre 1 y 4, el segundo añade otro entre 1 y 4 que se suma al primero. Se van sumando números hasta que gana el que llega a 23.

¿Es mejor empezar o que empiece tu rival?

¿Qué ocurre si realizas estos pasos con un número de tres cifras qué no sea capicúa?

OPERACIÓN MÁGICA

Piensa un número de dos cifras al azar con sus dos cifras diferentes, como por ejemplo el 85. Escribe el número con las cifras invertidas, en nuestro caso 58. Resta el número mayor menos el menor y suma las cifras del resultado. ¿Qué número obtienes?

¡Prueba con otro número! ¡Magia! ¡Obtienes el mismo resultado!

¿Sabes por qué ocurre? Escribe la descomposición decimal de los números.

unidad

1

Números naturales

¡Qué importante es... la Historia!

Algunos conocimientos que forman parte de nuestro día a día proceden del pasado. Saber cuál fue su origen, cuándo y cómo surgieron, nos da idea del valor que tiene la cultura a lo largo del tiempo.

Tarea final

Al final de la unidad, montarás y gestionarás tu propia tienda de antigüedades. Antes debes traer de casa la foto de un objeto que sea de otra época y averiguar cuánto costó aproximadamente. Después, elegirás su precio actual. Ten en cuenta que el valor de un objeto depende de varios criterios, y la antigüedad es uno de ellos.

El método indio para escribir números

A Filo le encantan las matemáticas. Cuando sale del colegio se encuentra con un profesor muy particular, su abuelo, un maestro retirado con el que pasa las tardes hablando de números, de geometría o de personajes destacados de la historia de las matemáticas. En esta ocasión, el abuelo le cuenta a Filo de dónde proceden los números que hoy utilizamos.

—Debes saber que los números que te ha enseñado la maestra Grazia, 0, 1, 2, 3, ..., 10, 11..., se llaman números naturales y fueron inventados en la India. Antes de que los inventaran, había otros sistemas para indicar una cierta cantidad de objetos, por ejemplo, el sistema de los romanos, pero, como ya te he dicho, era un sistema bastante mediocre en comparación.

En el año 772, algunos embajadores de la India llevaron como obsequio al califa de Bagdad, capital del imperio árabe, unas tablas de cálculos astronómicos hechas con el nuevo sistema de numeración. El califa, que era un listillo, comprendió de inmediato su importancia y puso a sueldo excelentes matemáticos para que difundieran el nuevo sistema en su imperio. El mejor de todos ellos, un tipo de nombre Mohamed Al Juwarizmí, se apresuró a publicar un tratado, en el que explicaba el método indio para escribir los números y realizar cálculos. El tratado tuvo un éxito enorme entre los mercaderes, siempre dispuestos a adoptar cualquier novedad que mejorara sus transacciones. Y fueron precisamente los mercaderes quienes, viajando de un extremo al otro del Mediterráneo, difundieron el nuevo método —explicó el abuelo con satisfacción.

Anna Cerasoli: *Los diez magníficos.* Maeva Ediciones

Hablamos

1. ¿De dónde dice el abuelo que provenía el nuevo sistema de numeración?
2. ¿A qué sistema de numeración crees que se refiere? Pon ejemplos de números expresados en ese sistema.
3. ¿Por qué crees que tuvo un éxito enorme entre los mercaderes? ¿Cómo pudo ayudarles a mejorar sus transacciones?

1 Números naturales. Sumar y restar

En el colegio de Marisa han ahorrado 2.192 € para comprar esta televisión y este ordenador. ¿Cuánto más tienen que ahorrar aproximadamente para poder comprarlos?

Ordenador y televisor ⟶ 1.415 + 1.090 = 2.505

Cuestan en total 2.505 €.

Para calcular cuánto le falta restamos 2.505 – 2.192.

	UM	C	D	U
	2	5	0	5
–	2	1	9	2
	0	3	1	3

⟶ Les faltan: 300 + 10 + 3

El número 313 está entre 300 y 400.

313 → (300) 400

Para redondear un número a las centenas, nos fijamos en la cifra de las decenas:

- Si es mayor o igual que 5, redondeamos a la centena siguiente.
- Si es menor, dejamos las centenas igual.

▶ Les faltan aproximadamente 300 € para poder comprarlos.

1 ¿De qué números se trata? Escríbelos con cifras en tu cuaderno.

4 UM + 3 D + 1 U — un millón dos mil cinco — 60.000 + 100 + 4

2 Escribe en tu cuaderno los términos de la suma y de la resta, y pon un ejemplo.

3 Coloca los sumandos y resuelve. ~~Redondea los resultados a los millares.~~

2.478 + 5.498 — 307.455 + 49.782 — 2.391 + 17.220 + 55.381

4 Resuelve en tu cuaderno e indica qué propiedad de la suma has utilizado en cada caso.

574 + 35 = 35 + ●●● = ●●●

8.325 + 1.212 + 443 = 8.325 + (●●● + 443) = ●●●

2.034 + 285 = ●●● + 2.034 = ●●●

Ten en cuenta

Estas son las propiedades de la suma:

conmutativa

38 + 6 = 6 + 38 = 44

asociativa

(62 + 8) + 17 =
= 62 + (8 + 17) = 87

5 Uno de estos números es el minuendo, otro, el sustraendo, y otro, la diferencia. ¿Cuál es cada uno?

12.515   6.057   6.458

Coloca en forma de resta y compara con tu compañero. A partir de vuestros resultados, enunciad la prueba de la resta.

6 Copia y averigua los números que faltan.

63.279 + 4.875 = ●●●
●●● – 5.133 = 73.167
94.636 – ●●● = 72.636

7 ¿Cumple la resta la propiedad conmutativa? Por parejas, explicad por qué y poned un ejemplo.

8 Indica qué operaciones hay que realizar.

274.192 ●●● 1.463 ●●● 95.278 = 180.377

A. sumar y sumar   C. restar y sumar
B. sumar y restar   D. restar y restar

Problemas

9 En su undécimo cumpleaños, Rocío colocó 11 velas en su tarta. ¿Cuántas velas más colocará en su vigésimo cuarto cumpleaños?

10 En una finca recogen 22.945 kg de nueces, 17.844 kg, de almendras, y 6.799 kg, de avellanas. ¿Cuántos kilogramos de frutos secos recogen aproximadamente?

A. 45.000 kg   C. 48.000 kg
B. 47.600 kg   D. 50.000 kg

11 Pablo ha comprado todos estos artículos por 1.367 €. ¿Cuánto le ha costado la cafetera?

Taller de matemáticas manipulativas

Sumar con fichas

Sumamos 1.284 + 2.023.

1.º Colocamos en el tablero las tarjetas de unidades correspondientes y representamos el primer sumando con las fichas.

U. Millar	Centenas	Decenas	Unidades
●	●●	●●●● ●●●●	●● ●●
1	2	8	4

2.º Añadimos el siguiente sumando, 2.023.

U. Millar	Centenas	Decenas	Unidades
● ●●	●●	●●●● ●●●● ●●	●● ●● ●●●

3.º En las decenas hay 10 fichas.

Como 10 decenas equivalen a 1 centena, hacemos el cambio en el tablero.

U. Millar	Centenas	Decenas	Unidades
● ●●	●● ←	●●●● ●●●● ●●	●● ●● ●●●

4.º En nuestro tablero queda representado el resultado, es decir, la suma o total.

U. Millar	Centenas	Decenas	Unidades
● ●●	●● ●		●● ●● ●●●
3	3	0	7

1 Practicad realizando estas sumas.

3.245 + 123   6.391 + 1.512

2 ¿Cómo resolverías 456 – 231 con fichas?

2 Multiplicar números naturales

Silvia y Pedro han multiplicado 239 × 125. Observa cómo lo han hecho.

Como 125 = 100 + 20 + 5, multiplicamos 239 por 5, por 20 y por 100, y sumamos.

Los ceros no afectan a la suma final. Podemos eliminarlos.

			C	D	U	
			2	3	9	← factores
		×	1	2	5	← factores
		1	1	9	5	← 239 × 5
		4	7	8	0	← 239 × 20
+	2	3	9	0	0	← 239 × 100
	2	9	8	7	5	← producto

Silvia y Pedro han multiplicado 239 × 125 utilizando la **propiedad distributiva**:

$$239 \times 125 = 239 \times (100 + 20 + 5) =$$

$$= 239 \times 100 + 239 \times 20 + 239 \times 5$$

12 Resuelve estas multiplicaciones. Explica cómo lo has hecho.

25 × 25   934 × 78   1.007 × 934   51.238 × 258

13 Completa en tu cuaderno. ¿Qué propiedad de la multiplicación has utilizado?

●●● × 7 = ●●● × 263 = ●●●

28 × (●●● × 16) = (●●● × 34) × ●●● = ●●●

(●●● + 5) × ●●● = 7 × ●●● + ●●● × 12 = ●●●

Ten en cuenta

La multiplicación también cumple estas propiedades:

conmutativa

12 × 3 = 3 × 12 = 36

asociativa

(5 × 7) × 11 =
= 5 × (7 × 11) = 385

14 Copia y relaciona cada operación con el dibujo que la representa.

4 × 1 + 4 × 8   4 × (4 + 5)   (3 + 6) × 4

a)

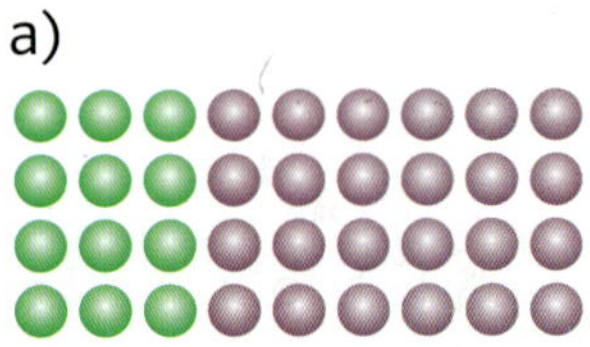

b)

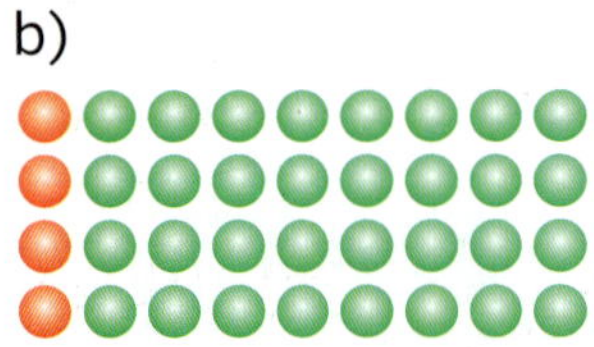

c)

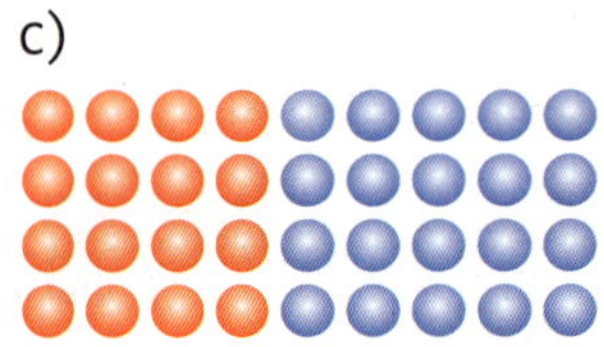

3 Dividir números naturales

Una fábrica produce 1.256 tornillos en una hora, que se reparten en cajas de 70 unidades. ¿Cuántas cajas se obtienen cada hora?

Dividimos 1.256 entre 70.

1.º Observa que podemos dividir 125 entre 70.

```
1 2 5 6 |7 0
  5 5     1
```

2.º Bajamos la siguiente cifra, el 6. Después, calculamos 556 entre 70.

```
Dividendo (D) → 1 2 5 6 |7 0  ← divisor (d)
                  5 5 6   1 7  ← cociente (c)
                    6 6 ←────── resto (r)
```

▶ Cada hora se obtienen 17 cajas de tornillos, y sobran 66 tornillos.

¿Cuántas cajas se obtienen cada hora si los tornillos fabricados y los de cada caja se triplican?

1.256 × 3 → dividendo; 70 × 3 → divisor

```
3 7 6 8 |2 1 0
1 6 6 8   1 7 ←── cociente
  1 9 8 ←──────── resto = 66 × 3
```

1.256 : 70 es **equivalente** a 3.768 : 210.

▶ Cada hora se obtienen 17 cajas de tornillos, y sobran el triple de tornillos.

Si el dividendo y el divisor de una división se multiplican o se dividen por el mismo número, el cociente no varía, pero el resto queda multiplicado o dividido por ese número.
Esta es la **propiedad fundamental de la división**.

15 **Divide 44.820 entre estos números.**

12 — 60 — 249 — 392

a) Comprueba las divisiones.

b) ¿Cuáles son exactas? Explica por qué.

Nota Para comprobar si una división está bien utilizamos la **prueba de la división**.

D = d × c + r

16 **Estima el cociente de estas divisiones redondeando el dividendo a la unidad de millar.**

7.840 : 40 — 12.610 : 65 — 76.240 : 80

17 **¿Cuál de estas divisiones tiene el mismo cociente que 67 : 5? ¿Cómo es su resto?**

A. 210 : 15 — **B.** 268 : 20 — **C.** 402 : 35 — **D.** 134 : 12

4 Jerarquía de operaciones

¿Cuántos puntos le faltan a Marcos para llegar a 501?

Observamos cuánto puntúa cada dardo:

20×3

8×2

19×1

Para calcular cuánto le falta a Marcos para llegar a 501, calculamos: $501 - (20 \times 3 + 8 \times 2 + 19)$

En una expresión con varias operaciones:

1.º Si hay paréntesis, resolvemos primero las operaciones que están dentro de los paréntesis.

2.º Resolvemos las multiplicaciones y divisiones de izquierda a derecha.

3.º Resolvemos las sumas y las restas de izquierda a derecha.

$$501 - (20 \times 3 + 8 \times 2 + 19) = 501 - 95 = 406$$

$$60 + 16 + 19$$

$$95$$

▶ A Marcos le faltan 406 puntos.

18 Esta expresión representa la siguiente tirada de Marcos. Explica dónde ha clavado cada uno de los dardos y la puntuación total que ha obtenido.

$$18 \times 2 + 7 + 6 \times 3$$

19 Relaciona en tu cuaderno cada expresión con la situación que le corresponde.

$7 \times (12 + 5)$ $7 \times 12 + 5$ $7 \times 12 - 5$

a) Siete docenas de lápices más cinco lápices

b) Doce paquetes de siete gomas menos cinco gomas

c) Siete paquetes de sacapuntas con doce sacapuntas rojos y cinco verdes en cada uno

20 Calcula los resultados de estas operaciones.

$15 \times 4 - 9$	$66 : (16 - 5) + 10$	$3 \times 3 + 15 : 5$
$(36 + 15) \times 2$	$6 + 3 \times 40 + 2$	$8 \times 5 - (12 + 4)$

21 ¿En qué casos no son necesarios los paréntesis? Justifica tu respuesta. Después, resuelve las operaciones.

$(8 : 4) + (7 \times 5)$ $(30 + 17) - (19 + 3)$ $6 \times (15 - 8)$

22 ¿Cuáles de estas operaciones están mal resueltas? Corrígelas.

$8 + 7 \times 2 = 30$ $4 + 22 : 2 + 12 = 25$

$45 - 7 \times 5 + 8 = 18$ $9 + 2 \times 4 \times 5 = 49$

23 Copia estas expresiones en tu cuaderno y coloca paréntesis donde sea necesario.

$7 + 30 \times 5 = 185$ $25 \times 4 + 12 = 112$

$40 - 7 \times 5 = 5$ $24 \times 16 - 10 = 144$

$15 + 25 \times 3 - 8 = 112$ $6 + 14 \times 4 = 80$

Problemas

24 Resuelve escribiendo las operaciones con una sola expresión.

a) Marcos tiene un álbum de fotos con 12 páginas y 4 fotos en cada una. Su hermana le da 14 fotos más. ¿Cuántas fotos tiene en total?

b) Mercedes compra 4 docenas de huevos. Si se rompen 6 huevos, ¿cuántos no se han roto?

c) Juan tiene 3 cajas con 12 pinturas cada una, y su hermana, 2 cajas con 6 pinturas cada una. ¿Cuántas pinturas tienen entre los dos?

smSaviadigital.com **PRACTICA** Entra en la web y trabaja la jerarquía de operaciones.

25 En un quiosco hay 40 cajas de cromos. Cada caja contiene 25 paquetes, y cada paquete, 7 cromos. ¿Cuántos cromos quedan en el quiosco si se venden 12 paquetes? Escribe todos los cálculos en una sola expresión.

26 Inventa un problema que se resuelva con esta expresión.

$12 : 4 + 3$

5 Las potencias. Cuadrados y cubos

Un producto de factores iguales se puede escribir en forma de potencia.

$$5 \times 5 \times 5 \times 5 = 5^4$$

5^4 es una potencia. Se lee *cinco elevado a cuatro*.

base: factor que se repite. → 5^4 ← exponente: número de veces que se repite el factor.

¿Cuántos cuadrados hay?
Para saberlo multiplicamos **lado × lado**.

$$4 \times 4 = 16$$

$$4^2 = 4 \times 4$$

Se lee *cuatro elevado a dos* o *cuatro elevado al cuadrado*.

¿Cuántos cubos hay?
Para saberlo multiplicamos **lado × lado × lado**.

$$4 \times 4 \times 4 = 64$$

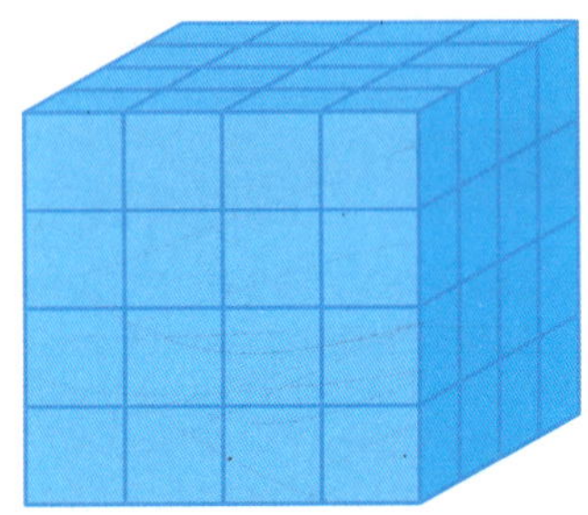

$$4^3 = 4 \times 4 \times 4$$

Se lee *cuatro elevado a tres* o *cuatro elevado al cubo*.

Multiplicar **dos veces** el mismo número, es hallar **el cuadrado** de ese número.
Multiplicar **tres veces** el mismo número, es hallar **el cubo** de ese número.

27 Calcula en tu cuaderno el resultado de 5^4 y contesta.

a) ¿Es lo mismo 5^4 que 5×4? ¿Por qué?

b) ¿Cuánto vale 5^1?

Compara las respuestas con tu compañero.

28 Completa en tu cuaderno.

Producto	Potencia	Se lee
10×10	●●●	●●●
●●●	8^3	●●●
●●●	●●●	cien elevado a dos
$3 \times 3 \times 3 \times 3 \times 3$	●●●	●●●
●●●	2^6	●●●

29 Escribe en forma de potencia cuántos cuadrados hay en estas figuras.

a) 

b) 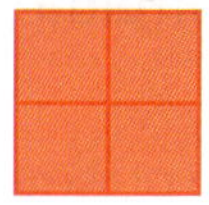

c) 

30 Escribe en tu cuaderno los cuadrados y los cubos de los diez primeros números naturales y sus resultados.

31 Laura y Jorge están formando cuadrados con sus regletas. ¿Cómo formarías el resto de cuadrados hasta el 10? Constrúyelos con tu compañero.

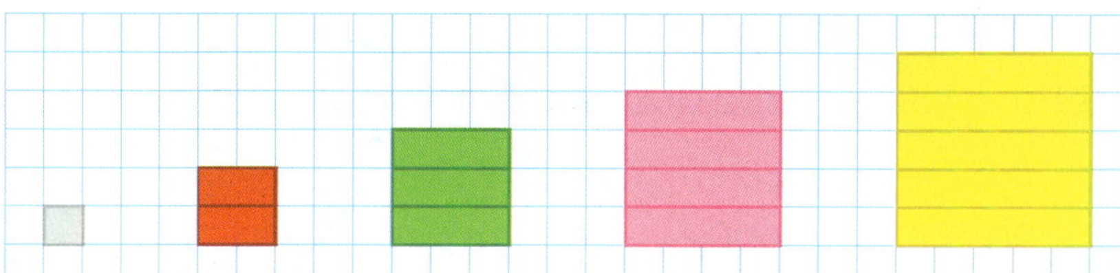

32 ¿Cuántos cubitos tiene el cubo de *Rubik*? Exprésalo en forma de potencia.

33 ¿Cuántos cubitos le faltan a Inés para formar un cubo de lado 3?

Problemas

34 Fíjate en el tablero de parchís:

a) Expresa como potencia el número de fichas rojas.

b) Expresa como potencia el número de fichas azules y amarillas juntas.

c) Expresa como potencia el número total de fichas.

35 Ana está formando figuras con *cubos mil* como los de la imagen.

a) ¿Cuántos cubitos tiene un *cubo mil*? Escríbelo como potencia.

b) Elige la opción que representa el número de cubitos de esta fotografía. Compara tu respuesta con tu compañero.

A. 3×10^3 B. 9×10^3 C. 3×10^9 D. 9×10^9

6 Potencias de base 10

Delia ha leído que la distancia entre la Tierra y el Sol es aproximadamente 15×10^7 km. ¿Qué significa esta medida?

Para expresar medidas grandes, la unidad seguida de ceros se puede expresar en forma de potencia.

Número	Producto	Potencia de base 10
100	10×10	10^2
1.000	$10 \times 10 \times 10$	10^3
10.000	$10 \times 10 \times 10 \times 10$	10^4

▶ La distancia de la Tierra al Sol es **15×10^7 km** = 150.000.000 km.

Una **potencia de base 10** es igual a la unidad seguida de tantos ceros como indica el exponente.

En otro libro ha encontrado que el diámetro del Sol es 1.392.000 km. Podemos descomponer este número utilizando potencias de base 10:

$$1.392.000 = 1.000.000 + 300.000 + 90.000 + 2.000$$

$$1.392.000 = 1.000.000 + 3 \times 100.000 + 9 \times 10.000 + 2 \times 1.000$$

$$1.392.000 = 10^6 + 3 \times 10^5 + 9 \times 10^4 + 2 \times 10^3$$

Cualquier número se puede expresar como una suma de cifras por potencias de base 10.

36 Escribe estos números como potencias de base 10.

cien — mil — diez mil — un millón

37 Piensa y ordena estas potencias. mayor a menor

10^{30} — 10^{20} — 10^{10} — 10^{100}

38 Completa la siguiente tabla, en la que aparecen las distancias del Sol a cada planeta del Sistema Solar.

Mercurio	58.000.000	•••
Venus	•••	108×10^6
Tierra	150.000.000	15×10^7
Marte	228.000.000	•••

Júpiter	•••	778×10^6
Saturno	1.400.000.000	•••
Urano	2.870.000.000	•••
Neptuno	•••	45×10^8

39 Completa estas expresiones en tu cuaderno.

a) $1.050 = 1 \times 10^{\bullet} + 5 \times \bullet\bullet\bullet$

b) $30.600 = \bullet\bullet\bullet \times 10^4 + 6 \times \bullet\bullet\bullet^2$

c) $17.820 = 10^4 + 7 \times \bullet\bullet\bullet^3 + 8 \times 10^{\bullet} + \bullet\bullet\bullet \times 10$

40 Escribe estas cantidades utilizando potencias de base 10.

403 | 5.890 | 25.014.000 | 186.742

41 ¿Son iguales estos números? Explica tu respuesta.

42 ¿Qué número representa cada expresión? Escribe en tu cuaderno.

$8 \times 10^3 + 3 \times 10^2 + 9 \times 10 + 1$

$8 \times 10^5 + 6 \times 10^4 + 5 \times 10^2 + 6 \times 10 + 5$

$6 \times 10^6 + 2 \times 10^4 + 2 \times 10^2 + 9 \times 10 + 3$

43 Expresa estas cantidades como en el ejemplo.

Ejemplo:

$40^3 = 40 \times 40 \times 40 = 4 \times 10 \times 4 \times 10 \times 4 \times 10 = 4^3 \times 10^3$

30^2 20^4 150^5

Problemas

44 ¿Cómo puede Tomás organizar sus 144 chapas de manera que formen un cuadrado? Compara tu respuesta con la de tu compañero.

45 En una frutería hay 9 cajas con 10 bolsas de 10 naranjas cada una. ¿Cuántas naranjas hay en total?

¿Sabías que...?

Los científicos trabajan constantemente con números expresados en forma de potencias.

Así pueden expresar cantidades muy grandes de forma sencilla. Esta forma de escribir los números se llama **notación científica**.

smSaviadigital.com

PRACTICA Entra en la web y práctica las potencias.

Problemas

Estrategia: Resolver paso a paso

La asociación de madres y padres de un colegio reparte 1.908 láminas del cuerpo humano entre los alumnos de 5.º y 6.º de Primaria. Si las empaquetan en sobres de 6 láminas cada uno, ¿cuántos sobres recibe cada alumno?

clase	5.º A	5.º B	6.º A	6.º B
número de alumnos	28	27	25	26

- **¿Qué nos pide el problema?**

  Averiguar cuántos sobres recibe cada alumno.

- **¿Qué datos necesitamos?**

  - Láminas a repartir: 1.908.
  - Láminas empaquetadas en cada sobre: 6.
  - Alumnos de cada clase: 28, 27, 25 y 26.

- **¿Cómo se resuelve?**

  1.º Calculamos cuántos sobres hay al empaquetar las láminas de 6 en 6.

  $1.908 : 6 = 318$

  2.º Hallamos el número total de alumnos.

  $28 + 27 + 25 + 26 = 106$

  3.º Calculamos los sobres que recibe cada alumno.

  $318 : 106 = 3$

▶ **Solución:** Cada alumno recibe 3 sobres.

➲ Calcula primero las láminas que corresponden a cada alumno y luego a cuántos sobres corresponden esas láminas. ¿Qué observas?

1 En una imprenta han impreso 2.790 folletos de publicidad. Si se agrupan en montones de 15 folletos y ya tienen preparados 170 montones, ¿cuántos montones quedan por hacer?

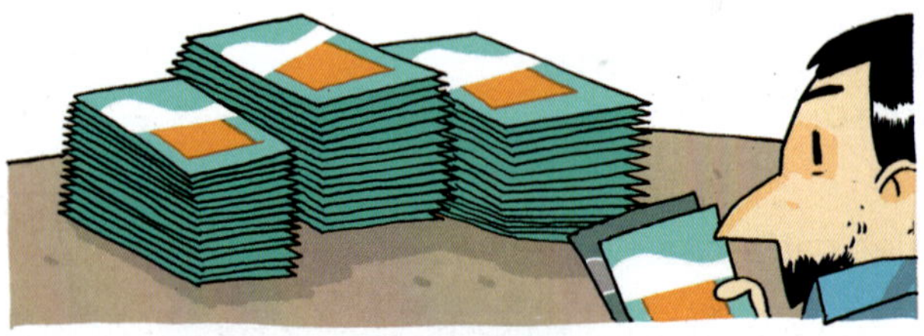

2 Maite compra sándwiches y refrescos para una fiesta por 71 €. También 3 tartas por 35 € cada una y un regalo por 40 €. Si reparte todos los gastos entre las 24 personas que han ido a la fiesta, ¿cuánto paga cada uno?

smSaviadigital.com

RESUELVE PROBLEMAS Paso a paso en la web.

Utiliza tus estrategias

1 En un museo hubo 6.984.903 visitantes en 2012, y 9.127.404, en 2013. ¿Cuántas personas visitaron el museo en 2013 más que en 2012?

2 ¿Cuántos viajes debe hacer como mínimo un funicular, con capacidad para 52 pasajeros, para transportar a 1.170 personas?

3 Un barco puede transportar 26.500 kg. Si los operarios han colocado la mitad de la carga, ¿cuántas cajas de 25 kg pueden colocar aún?

4 Un avión realiza 4 viajes diarios con 152 pasajeros en cada uno. Si cada billete cuesta 89 €, ¿cuánto dinero recauda la compañía en un día?

5 Jamila ha comparado este colchón. El vendedor le rebaja 25 €. Si Jamila paga con billetes de 50 €, ¿qué cambio recibe?

6 El número 23.467 es aproximadamente 23.500 si lo redondeamos:

A. a la decena
B. a la unidad
C. a la centena
D. al millar

7 ¿Por qué número debes dividir 6.390 para que la división sea exacta?

A. 21 B. 17 C. 100 D. 45

8 Luna sabe que para forrar un cuaderno necesita 35 cm de forro, y para cada libro, 50 cm. ¿Cuántos centímetros de forro debe comprar?

A. 595 cm
B. 290 cm
C. 305 cm
D. 185 cm

9 Carla ha pagado 1.560 € por 20 cazadoras. Si las vende todas en su tienda por 150 € cada una, ¿cuánto dinero ganará?

A. 140 € B. 78 € C. 1.440 € D. 208 €

10 Una elefanta de 5.300 kg tiene una cría de 115 kg. ¿Cuánto debe engordar la cría para pesar la mitad que su madre?

A. 1.585 kg
B. 2.535 kg
C. 5.185 kg
D. 2.650 kg

Inventa un problema

11 Inventa y resuelve un problema con estos datos y cuya respuesta sea 9 *noches*.

¿Tiene sentido?

12 ¿Podemos redondear a la centena de millón el número 795.640? Explica por qué.

13 Inma hace 20 montones con 12 gomas cada uno. ¿Podría hacer con todas las gomas montones de 9 sin que sobre ninguna?

14 David coloca 142 huevos en cartones de media docena y le sobran 4 huevos. Si tuviera la mitad de huevos, ¿le sobrarían el doble?

Matemáticamente

Cálculo mental

Sumar números de tres cifras

624 + 235

600 + 200 = 800

20 + 30 = 50

4 + 5 = 9

624 + 235 = 800 + 50 + 9 = 859

1 Aplica la estrategia anterior y escribe el resultado en tu cuaderno.

234 + 121   782 + 104   255 + 741   153 + 635

2 Localiza las sumas que contienen errores y corrígelas en tu cuaderno.

513 + 273 = 786

156 + 243 = 439

312 + 654 = 966

556 + 340 = 896

3 Carlota se va de viaje con su familia. Primero recorren 175 kilómetros en autobús y después 324 kilómetros en tren. Calcula mentalmente cuántos kilómetros recorrerán en total.

smSaviadigital.com
PRACTICA Utiliza esta estrategia de **cálculo mental**.

Retos matemáticos

1 Copia y completa las casillas para que al multiplicar los números de cada columna o fila, dé el mismo resultado.

2	3	4
2		6
	4	

2 Copia la figura en tu cuaderno. Completa para que en cada pieza, columna y fila estén los dígitos del 1 al 5.

Repasa la unidad

Organiza tus ideas

Números naturales

- **comparar**
  9.745 < 9.945 — 86.721 > 84.546
- **redondear**
  4.310 redondeado al millar es 4.000.
  1.972 redondeado al millar es 2.000.
- **sumar y restar**
  $$\begin{array}{r} 1415 \\ +1090 \\ \hline 2505 \end{array} \qquad \begin{array}{r} 2505 \\ -2192 \\ \hline 0313 \end{array}$$
- **multiplicar y dividir**
  $$\begin{array}{r} 266 \\ \times\ 24 \\ \hline 1064 \\ +532 \\ \hline 6384 \end{array} \qquad \begin{array}{r|l} 1256 & 70 \\ \cline{2-2} 556 & 17 \\ 66 & \end{array}$$
- **jerarquía de operaciones**
  (15 – 3) × 2 = 12 × 2 = 24
- **potencias**
  $5 \times 5 \times 5 \times 5 = 5^4$ (exponente: 4; base: 5)

1 Ordena de mayor a menor.

90.328	85.789	73.289
73.298	90.238	85.893

2 ¿Cuál es el resultado de redondear 3.472.802 a la unidad de millón?

A. 3.000.000 C. 3.473.000
B. 3.550.000 D. 4.000.000

3 Multiplica y comprueba con la calculadora.

678 × 506 5.037 × 67 84.325 × 48

4 Descompón utilizando potencias de base 10.

74.503 498 320
138.088 9.525

5 Resuelve la división 6.462 : 26. ¿Cuál de las siguientes divisiones es equivalente?

3.231 : 13 2.154 : 11 12.321 : 52

6 ¿Cuál es el resultado de estas expresiones?

28 : 4 + 8 – 3 × 4 5 × (7 + 3) – 8 × 2
48 : 12 + 3 × 5 13 + 7 × (10 – 6)

Problemas

7 ¿Qué grupo consigue el récord de participantes en la carrera?

2.045.614 corredores 2.054.614 corredores

8 Con el agua de un depósito de 1.600 ℓ, Elsa llena 2 bidones de 225 ℓ, 3 de 325 ℓ y el resto, la reparte en garrafas de 35 ℓ. ¿Cuántas garrafas llena?

Vocabulario matemático

9 Explica con estas palabras cómo resolver una expresión con varias operaciones.

paréntesis operaciones productos

smSaviadigital.com
VALORA LO APRENDIDO Comprueba lo que sabes en la **autoevaluación**.

Repasa las unidades

1 ¿Cuál es el mayor y el menor número que puedes escribir con seis cifras distintas?

2 Redondea estos números a la centena de millar.

3.598.987 12.357.180 6.123.897

3 Aplica las propiedades de la suma y resuelve. Ten en cuenta el modo más cómodo de agrupar los sumandos en cada caso.

125 + 257 + 75

90 + 510 + 5.020

5.002 + 4.565 + 1.998

4 Resuelve y comprueba con la calculadora sin utilizar la tecla de restar.

875.398 – 39.025

482.984 – 407.173

12.903.528 – 3.416.589

5 ¿Qué cifras faltan en estas multiplicaciones? Complétalas en tu cuaderno.

```
     2 • 7             • 1 5
   ×   2 •           × 3 • 2
   -------           -------
     8 6 1             8 3 •
 + • 7 •           1 • 6 •
 -------         + • 2 4 5
   6 • 0 1       -----------
                   1 • 1 • 3 0
```

6 Calcula y haz la prueba de la división.

32.624 : 46 400.000 : 279

170.802 : 35 7.054.456 : 809

7 Resuelve estas expresiones.

$6 \times (5 + 4) - 4$ $35 - 28 : 7$

$20 : 5 - 4 + 9$ $17 + 3 \times 5 - 10$

8 ¿De qué números se trata?

6^3 25×10^4

$3 \times 10^5 + 9 \times 10^4 + 2 \times 10^3 + 4 \times 10 + 5^3$

Problemas

9 Averigua cuál es el número del carné de Lua.

- Tiene siete cifras y es capicúa.
- La cifra de los millares vale 1.000 unidades.
- La cifra de las unidades es el doble que la de los millares.
- La cifra de las centenas de millar es menor que la de los millares.
- La cifra de las centenas es 9.

10 Begoña quiere comprar este coche a plazos. Si puede gastar aproximadamente 400 € cada mes, ¿qué opción elegirá?

A. Entregar 9.700 € y el resto pagarlo en 10 plazos mensuales.

B. Pagar 8.000 € y el resto abonarlo en 15 cuotas mensuales.

C. Dar 7.500 € y el resto entregarlo en 20 plazos mensuales.

Ponte a prueba

Utiliza lo que sabes

Para obtener la letra de un DNI se divide el número entre 23. El resto de esa división se asocia a una letra según esta tabla.

resto	0	1	2	3	4	5	6	7	8	9	10	11	12	13	14	15	16	17	18	19	20	21	22
letra	T	R	W	A	G	M	Y	F	P	D	X	B	N	J	Z	S	Q	V	H	L	C	K	E

1. ¿Qué letra tiene el DNI número 5.406.087?

   A. M B. Y C. N D. W

2. Si al dividir un número de DNI resulta una división exacta, ¿qué letra se obtiene? ¿Y si la división es entera?

3. ¿Cómo puedes saber cuántos restos diferentes resultan al dividir entre 23? Anota cuáles son.

4. ¿Puedes encontrar tres números de DNI distintos pero con la misma letra? Explica cómo hacerlo y ayúdate de la calculadora para encontrarlos.

Tarea final Gestiona una tienda

PASO 1 Juntaos en grupos de cuatro.

Seréis los vendedores de una tienda.

PASO 2 Haced dos etiquetas para cada objeto. Serán objetos antiguos que creas que aumentan su valor con el paso del tiempo.

PASO 3 Completad una tabla como esta.

producto	costó	lo vendo a	ganancia
reloj	120 €	142 €	22 €
•••	•••	•••	•••

¿Qué ganancia total obtenéis si vendéis todos los objetos?

¿Cuántos euros os corresponden al repartir la ganancia total? ¿Cuánto sobra?

PASO 4 Escribid un informe sobre la gestión de la tienda donde aparezca la tabla anterior.

¿Por qué creéis que los objetos se venden más caros que lo que costaron?

smSaviadigital.com

VALORA LO APRENDIDO **¿Cómo has trabajado** en esta tarea?

unidad

2

Múltiplos y divisores

¡Qué importante es... la reflexión!

Es diferente ser ágil al razonar que responder de manera impulsiva. Siempre debemos dedicar un tiempo, por breve que sea, a reflexionar bien a partir de los datos que tenemos.

Tarea final

Al final de la unidad, aprenderás un nuevo juego de cartas y tendrás que reflexionar sobre la mejor estrategia para ganar.

Un País de las Maravillas diferente

Alicia, una niña de 11 años, conoce en sueños al escritor Charlie Dodgson que le acompaña al País de los Números. Allí encuentran a unos curiosos personajes con forma de naipe.

Los tres naipes —que eran el 2, el 5 y el 7 de picas— estaban atareados alrededor de un rosal en el que había seis rosas blancas. O, mejor dicho, que habían sido blancas, pues estaban terminando de pintarlas. Uno tenía un bote de pintura roja, otro de pintura rosa, y el tercero, de pintura amarilla, y estaban pintando dos rosas de cada color.

Mientras Alicia y Charlie se acercaban, los hombres naipes terminaron su tarea y se pusieron a discutir acaloradamente.

—¿Algún problema, muchachos? —preguntó el escritor.

—Pues sí —contestó Siete—. La Reina de Corazones quiere que en cada rosal haya rosas de varios colores...

—Y varias de cada color —prosiguió Cinco.

—Y el mismo número de cada color —concluyó Dos.

—Pues lo habéis conseguido —dijo Alicia—, no veo dónde está el problema: aquí hay dos rojas, dos rosas y dos amarillas; o sea, varios colores, varias de cada color y las mismas de cada color.

—Sí, claro, con seis rosas es fácil —dijo Siete—, y también con ocho o con nueve.

—Pero allí hay un rosal con siete rosas —prosiguió Cinco, señalando hacia su derecha. Y, efectivamente, Alicia vio un macizo con siete rosas blancas.

—Y ese no sabemos cómo pintarlo —añadió Dos.

CARLO FRABETTI: *Malditas matemáticas. Alicia en el País de los Números*. Ed. Alfaguara.

Hablamos

1. ¿Qué condiciones impone la Reina a los naipes para pintar los rosales?

2. ¿Cómo podrían pintar un rosal con 9 rosas?

3. ¿Por qué no saben cómo pintar el rosal de siete rosas?

1 Múltiplos de un número

Las latas de refresco se venden en paquetes de 6. ¿Cuántos refrescos se pueden comprar?

1 paquete: 6 × 1 = 6 | 2 paquetes: 6 × 2 = 12 | 3 paquetes: 6 × 3 = 18 | 4 paquetes: 6 × 4 = 24

▶ Podemos comprar 6, 12, 18, 24, 30... latas de refrescos. Estos números son **múltiplos** de 6.

Para **obtener los múltiplos** de un número, lo multiplicamos por los números naturales.

	× 0	× 1	× 2	× 3	× 4	× 5	× 6	× 7	× 8	× 9	× 10	× ...
múltiplos de 3	0	3	6	9	12	15	18	21	24	27	30	•••
múltiplos de 6	0	6	12	18	24	30	36	42	48	54	60	•••
múltiplos de 11	0	11	22	33	44	55	66	77	88	99	110	•••

Los **múltiplos** de un número se obtienen al multiplicar ese número por los números naturales.

1 Escribe en tu cuaderno 4 múltiplos de los siguientes números.

a) 5 b) 9 c) 11 d) 15

2 Relaciona en tu cuaderno las dos columnas.

múltiplos de 3	42, 770, 21, 56, 14
múltiplos de 4	12, 18, 900, 27, 30
múltiplos de 7	12, 48, 80, 36, 240

3 Observa el ejemplo y contesta cada pregunta.

Ejemplo:

¿Es 27 múltiplo de 5?

```
2 7 |5
  2  5
```

27 no es múltiplo de 5, porque 27 : 5 no es una división exacta. No existe ningún número que multiplicado por 5 de 27.

Nota Para comprobar si un número es múltiplo de otro, se divide el primero entre el segundo y el resto debe ser 0.

¿Es 54 múltiplo de 6? ¿Es 38 múltiplo de 10? ¿Es 150 múltiplo de 3?

4 Copia la tabla y coloca estos números donde correspondan. ¿Hay números repetidos? Rodéalos.

18 56 35 72 12 21 50 49 32

múltiplos de 3	•••
múltiplos de 5	•••
múltiplos de 7	•••
múltiplos de 8	•••
múltiplos de 9	•••

5 Calcula en tu cuaderno y razona la respuesta.

- Los cinco primeros múltiplos de 7.
- Cinco múltiplos de 4 que no estén entre los 10 primeros.
- Cuatro múltiplos de 6 mayores que 90.

smSaviadigital.com
PRACTICA Entra en la web y encuentra los múltiplos.

6 ¿El número del interior es múltiplo de todos sus vértices? Indica en tu cuaderno cuáles no lo son.

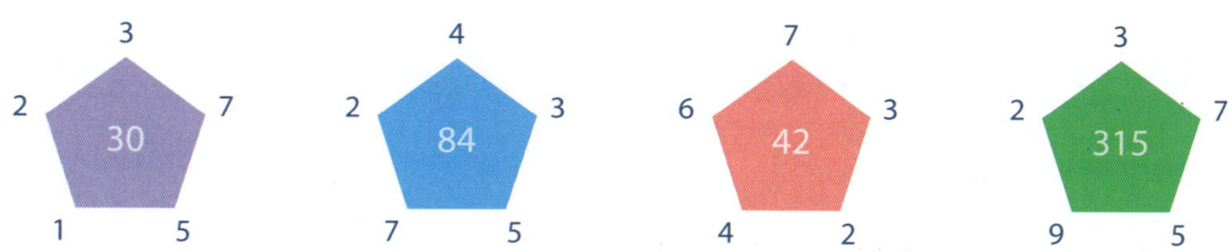

7 ¿Las siguientes afirmaciones son ciertas o falsas? Explica por qué.

> El múltiplo de un número es siempre menor que ese número.

> Se pueden escribir todos los múltiplos posibles de un número.

Problemas

8 Jaime ha ido a comprar yogures al supermercado.

a) ¿Cuántos yogures compra si se lleva 3 paquetes?

b) Si tiene 6 €, ¿cuántos yogures podrá comprar?

9 Los huevos se venden normalmente en docenas o medias docenas. ¿Puedes comprar 20 huevos exactamente? ¿Cuál es la cantidad mínima que debes comprar para tener 20 huevos?

2 Divisores de un número

Para realizar un trabajo de Lengua, el profesor quiere dividir la clase de 5.º B en grupos con el mismo número de alumnos. Si hay 24 alumnos en clase, ¿puede hacer grupos de 4 alumnos? ¿Y de 5?

Para averiguarlo dividimos entre 4 y 5:

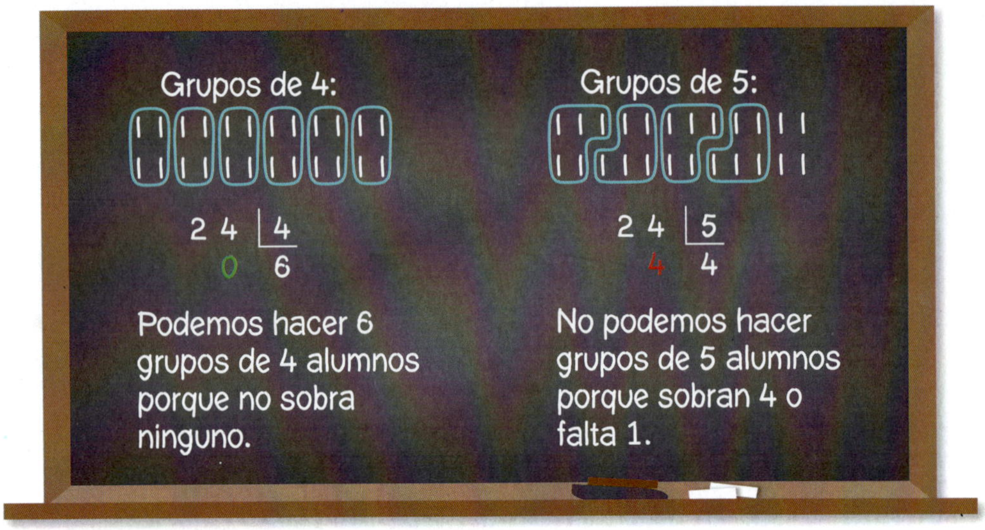

- La división es exacta.
  4 es divisor de 24.
- La división es entera.
  5 no es divisor de 24.

> Un número es **divisor** de otro si al hacer la división el resto es cero.
> Para calcular los divisores de un número, lo dividimos entre los números naturales: 1, 2, 3... menores o iguales que él y elegimos los que tengan resto cero.

10 ¿Son ciertas las siguientes afirmaciones? Razona la respuesta.

6 es divisor de 36. 8 es divisor de 164. 15 es divisor de 450.

11 Observa el dibujo y contesta a las preguntas.

a) ¿El número de muñecos es múltiplo de 2?

b) El número 4, ¿es divisor del total de muñecos? ¿Y el 9?

c) ¿Cuántos muñecos hay que añadir para que el número 2 sea un divisor? ¿Y para que lo sea el 3?

12 ¿Qué cifra puede ocupar la posición de las unidades del siguiente número, si sabemos que el 2 es su divisor?

152?

13 Realiza la división. Escribe los múltiplos y divisores como en el ejemplo.

Ejemplo:

$$\begin{array}{r|l} 30 & 5 \\ \hline 0 & 6 \end{array} \longrightarrow 5 \times 6 = 30$$

30 es múltiplo de 5 y de 6. El 5 y el 6 son divisores de 30.

63 : 7 | 150 : 4 | 100 : 20

14 ¿Es posible hallar todos los divisores de los siguientes números? ¿Por qué? En caso afirmativo, escríbelos.

8 19 21 40 99

15 ¿Las siguientes afirmaciones son ciertas o falsas? Explica por qué.

- El divisor de un número es siempre menor que ese número.
- El 1 es divisor de todos los números.
- Todos los números tienen al menos dos divisores.

Problemas

16 Tenemos 13 monedas. ¿De cuántas formas diferentes podemos agruparlas en montones iguales sin que sobre ninguna? ¿Y si añadimos una moneda más?

17 El artículo que ha comprado Jesús tiene un precio cuyos divisores son 3 y 5. ¿Cuál es?

Taller de matemáticas manipulativas

Todos los divisores de un número

1.º Buscamos los divisores del número 6.

Colocamos la regleta que representa el 6 y comprobamos qué regletas la dividen un número exacto de veces.

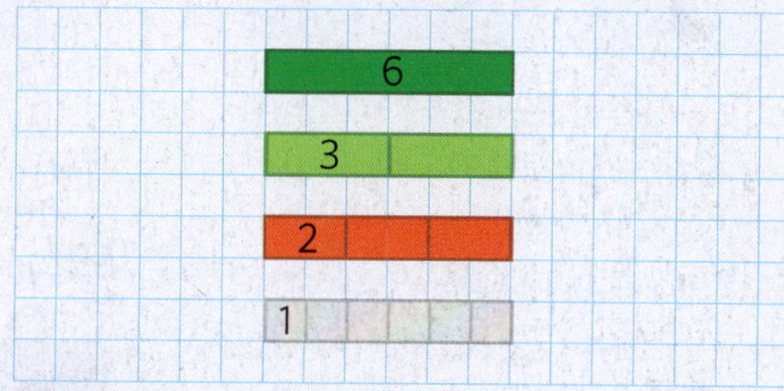

Observa que los números 6, 3, 2 y 1 dividen al 6 un número exacto de veces.

Por tanto los **divisores** de 6 son:

6, 3, 2 y 1.

2.º Buscamos los divisores del número 12.

Colocamos las regletas que representan el 12 y comprobamos qué regletas las dividen un número exacto de veces.

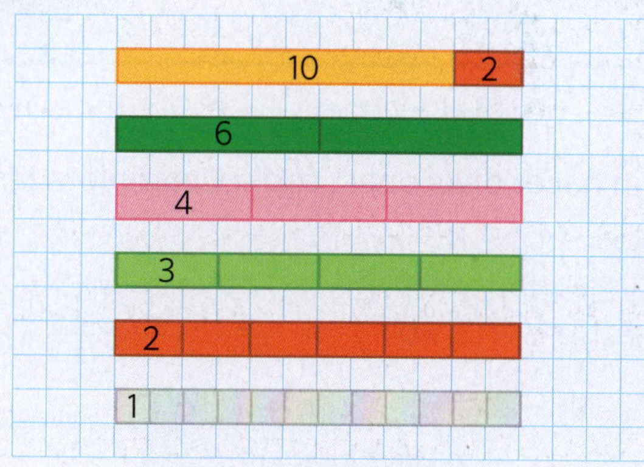

Los números 12, 6, 4, 3, 2 y 1 dividen al número 12 un número exacto de veces.

Por tanto, los **divisores** de 12 son:

12, 6, 4, 3, 2 y 1.

1 Obtened por parejas los divisores de:

8 | 9 | 11 | 14

3 Criterios de divisibilidad

Los criterios de divisibilidad son unas reglas que nos permiten saber si un número es divisible por otro sin tener que hacer la división.

Vamos a averiguar si 2, 3, 5, 9 y 10 son divisores del número 105.

Un número es **divisible entre 2** si termina en 0 o en cifra par.

105 no es divisible entre 2, porque no termina ni en 0 ni en cifra par.

Un número **es divisible entre 3** si la suma de sus cifras es múltiplo de 3.

105 es divisible entre 3, porque 1 + 5 = 6, que es múltiplo de 3.

Un número es **divisible entre 5** si termina en 0 o en 5.

105 es divisible entre 5, porque termina en 5.

Un número **es divisible entre 9** si la suma de sus cifras es múltiplo de 9.

105 no es divisible entre 9, porque 1 + 5 = 6, que no es múltiplo de 9.

Un número es **divisible entre 10** si termina en 0.

105 no es divisible entre 10, porque no termina en 0.

18 Sin hacer divisiones, copia y completa la tabla con estos números.

34 36 75 44 225 90 18

divisibles entre 2	•••
divisibles entre 3	•••
divisibles entre 5	•••
divisibles entre 9	•••
divisibles entre 10	•••

19 ¿Son verdaderas o falsas las siguientes afirmaciones? Explica por qué.

- 84 es múltiplo de 5.
- 124 es múltiplo de 2.
- 153 es múltiplo de 3.
- 200 es múltiplo de 2 y 5.
- 432 es múltiplo de 2 y 10.
- 750 es múltiplo de 3 y 10.

20 Completa en tu cuaderno la cifra que falta para que estos números sean divisibles entre 3. Comprueba tus resultados con la calculadora.

7?4 43? 1.?82 3.6?4

21 ¿Cuáles son los números inferiores a 30 divisibles a la vez entre 2, 3 y 5? Escribe los números en tu cuaderno y rodéalos con distintos colores.

22 Utiliza los criterios de divisibilidad para escribir dos números de dos cifras en cada caso.

a) Que sean divisibles entre 9.

b) Que sean divisibles entre 2 y 3.

c) Que sean divisibles entre 3 y 5.

23 Fíjate en el gráfico y contesta las preguntas.

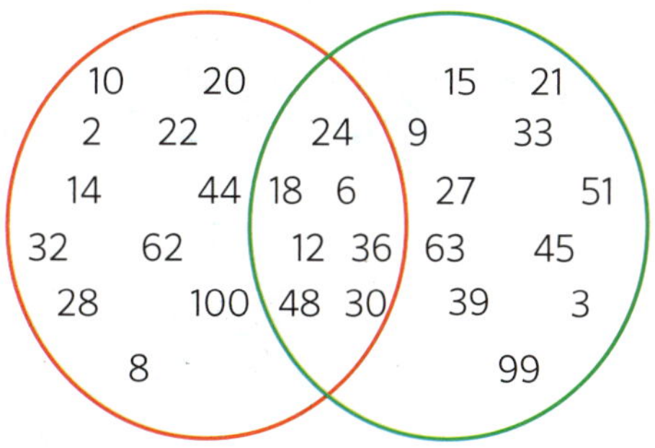

a) ¿Qué tienen en común todos los números del círculo rojo? ¿Y los del círculo verde?

b) ¿Qué tienen en común todos los elementos de la intersección de los dos círculos?

Escribe un criterio de divisibilidad para el 6. Compara la respuesta con tu compañero.

24 En este número, la cifra de las unidades y de las centenas es la misma. ¿Cuál puede ser esa cifra, sabiendo que el número es divisible a la vez por 2 y por 3?

2?1?

Problemas

25 Una caja contiene entre 50 y 80 naranjas. Si las empaquetamos de 4 en 4 o de 9 en 9, no sobra ninguna. ¿Cuántas naranjas hay?

26 Miguel dice que si cambiamos de orden las cifras de un número divisible por 3, sigue siendo divisible por 3. ¿Es eso cierto? ¿Podemos decir lo mismo de un número divisible por 2? ¿Y por 5?

4 Números primos y compuestos

Jimena y Guillermo hacen grupos de fichas iguales lo más rápidamente posible, sin que sobre ninguna. Si Jimena tiene 11 fichas, y Guillermo, 12, ¿cuántos grupos puede hacer cada uno?

Para averiguarlo, calculamos los divisores de 11 y 12.

divisores de 11:

Solo encontramos dos: **1** y **11**.

- Jimena podrá hacer grupos de 1 ficha o un grupo de 11 fichas.

11 es un **número primo**.

divisores de 12

Encontramos seis: **1**, **2**, **3**, **4**, **6** y **12**.

- Guillermo podrá hacer grupos con 1, 2, 3, 4, 6 o 12 fichas.

12 es un **número compuesto**.

Un número es **primo** si solo tiene dos divisores, él mismo y la unidad.
Un número es **compuesto** si tiene más divisores que él mismo y la unidad.

27 Escribe todos los divisores de los siguientes números. Clasifícalos en primos o compuestos.

5 9 11 15 17 26 29

28 Copia estos números y rodea los que no son compuestos.

1 23 37 39 25 99

86 45 49 62 71

Ten en cuenta

El 1 no es un número primo ni compuesto, ya que solo tiene un divisor: él mismo.

29 Escribe estos números como resultado de multiplicar dos números primos.

número	6	10	21	●●●	14	●●●
producto de dos números primos	●●●	●●●	●●●	3 × 11	●●●	2 × 17

Utiliza tus estrategias

1 Lola, la frutera, tiene que repartir 15 aguacates en cestas con el mismo número de piezas y sin que le sobre ninguna. ¿De cuántas maneras diferentes puede repartir los aguacates?

2 Los 410 alumnos de Primaria van a un concierto. Para ocupar el menor número de filas posibles, se sientan en filas de menos de 20 y más de 6 asientos.

a) ¿Cuántas filas ocupan?

b) ¿Cuántos se sentarán en cada fila?

3 Una gallina pone menos de 35 huevos al mes. Al agruparlos de 2 en 2 o de 3 en 3 no sobra ninguno. Y si se agrupan de 4 en 4 sobran 2.

a) ¿Cuántos huevos pone la gallina al mes?

b) ¿Hay alguna solución más?

4 En una tienda de animales tienen 27 iguanas. Quieren repartirlas en jaulas con el mismo número de iguanas. ¿Cuántas pueden colocar en cada jaula?

A. 3 B. 5 C. 6 D. 8

¿Cuántas iguanas serían necesarias si quisiéramos que 6 fuera la respuesta correcta?

5 En el recreo 15 alumnos quieren hacer grupos iguales para ensayar tiros libres. ¿Cuántos alumnos pueden tener los grupos?

A. Grupos de 15 y 3 alumnos

B. Grupos de 15 y 5 alumnos

C. Grupos de 15, 5, 3 y 1 alumnos

D. Grupos de 15 y 1 alumnos

6 Con las cifras del número 4.312, ¿cuántos números de tres cifras, impares y múltiplos de 3 podemos formar?

A. 3 B. 5 C. 6 D. 7

Inventa un problema

7 Inventa un problema con los datos que aparecen en la imagen. Después, resuélvelo.

¿Tiene sentido?

8 He comprado 52 zumos de piña en paquetes de seis unidades. ¿Es posible?

9 La abuela ha hecho 21 croquetas de jamón. Las ha repartido de 7 en 7 y no le ha sobrado ninguna. ¿Puede la abuela haber hecho ese reparto?

10 Lola dice que el número 55 es divisor de 13 y 5 a la vez. ¿Lleva razón?

Matemáticamente

Cálculo mental — Sumar números de tres cifras con llevadas

746 + 535

700 + 500 = 1.200

40 + 30 = 70

6 + 5 = 11

746 + 535 = 1.200 + 70 + 11 = 1.281

1. Aplica la estrategia anterior y escribe el resultado en tu cuaderno.

125 + 394   268 + 375   375 + 138   546 + 827

2. Localiza las sumas que tienen errores y corrígelas.

A. 543 + 273 = 826

B. 310 + 495 = 805

C. 657 + 218 = 875

D. 186 + 243 = 439

3. En un campeonato deportivo, los alumnos de 5.º y 6.º han obtenido estas puntuaciones. Calcula mentalmente los puntos totales de cada equipo.

5.º	6.º
571	815
576	327

smSaviadigital.com
PRACTICA Utiliza esta estrategia de **cálculo mental**.

Retos matemáticos

1. ¿Cómo resolverías la operación 421 × 30 con tu calculadora si las teclas del 0 y el 6 están estropeadas?

2. ¿Puedes formar con estas piezas una figura cuyo número de lados sea múltiplo de 2 y 3?

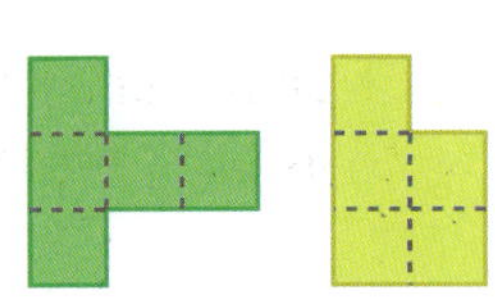

Repasa la unidad

Organiza tus ideas

Múltiplos y divisores

múltiplos
Se obtienen al multiplicar un número por otro número natural cualquiera.

divisores
Un número es **divisor** de otro si al hacer la división el resto es cero.

criterios de divisibilidad

- Un número es **divisible por 2** si es par.
- Un número es **divisible por 3** si la suma de sus cifras es 3 o múltiplo de 3.
- Un número es **divisible por 5** si termina en 0 o en 5.
- Un número es **divisible por 9** si la suma de sus cifras es 9 o múltiplo de 9.
- Un número es **divisible por 10** si termina en 0.

número primo
Tiene dos divisores, el propio número y la unidad.

número compuesto
Tiene más de dos divisores.

1 Copia y completa la tabla con los números correspondientes.

27, 45, 52, 105, 144, 321, 81, 72, 2.448

múltiplos de 2	•••
múltiplos de 3	•••
múltiplos de 5	•••
múltiplos de 9	•••

2 Calcula todos los divisores de estos números y clasifícalos en primos o compuestos:

15 24 13 16 33 25 31

3 Escribe los números primos menores que 15. ¿Cuáles son sus divisores?

4 ¿Puede ser un número par primo? ¿Y un número impar compuesto? Justifica tu respuesta.

Problemas

5 Luis tiene 30 películas y las quiere guardar en cajas de igual cantidad. ¿Cómo puede guardarlas si en cada una tiene que haber más de 5 películas y menos de 20?

6 ¿Puedes hacer ramos de una docena con 189 rosas sin que sobre ninguna? ¿Y de 9 rosas?

Vocabulario matemático

7 Escribe una oración en las que aparezca la palabra **divisor**, el número **32** y el número **8**.

smSaviadigital.com
VALORA LO APRENDIDO Comprueba lo que sabes en la **autoevaluación**.

Repasa las unidades

1 ¿Con qué letra crees que se representa al conjunto de los números naturales?

A. R B. N C. E D. Z

2 Escribe cómo se leen los números cuya cifra de las centenas de millar es menor que 8.

63.258.149 785.296.143 810.975.324

3 Escribe tres números que al redondearlos a los millares sean 3.000.

4 Calcula.

56.870 + 5.937 4.507 × 35

96.807 – 87.748 76.095 : 58

5 Completa en tu cuaderno.

(3 + 5) + 7 = 3 + (●●● + 7)

7 × ●●● = 3 × 7

36 + 4 = 4 + ●●●

6 Con las cifras del 1 al 8, sin repetir ninguna, forma dos números de cuatro cifras para que al restarlos su diferencia sea la mayor posible.

7 Completa la tabla sin hacer las divisiones.

dividendo	divisor	cociente	resto
●●●	4	33	2
536	●●●	33	●●●
402	12	●●●	6

8 Escribe en tu cuaderno.

a) Todos los divisores de 40

b) Los múltiplos de 7 mayores que 64 y menores que 147

9 Clasifica los siguientes números en primos o compuestos.

25 63 31 19 13 77 42

Problemas

10 Observa tu libro de matemáticas.

a) ¿Puedes encontrar dos números de página en los que la cifra 1 tenga distinto valor de posición? ¿Cuánto vale en cada caso?

b) ¿Cuántas páginas te faltan para llegar al final del libro?

A. Más de 60 C. Menos de 60

B. Más de 50 D. Menos de 50

c) Fíjate en el número total de páginas y encuentra todos sus divisores. ¿Es un número primo o compuesto?

11 La siguiente tabla muestra los visitantes de un colegio al jardín botánico.

asistentes al jardín botánico				
5.º A	5.º B	6.º A	6.º B	profesores
21	23	19	23	7

a) ¿Cuál de estas operaciones sirve para hallar el número total de visitantes? Resuélvela.

A. 21 + 19 + 23 × (2 + 7)

B. 21 + 2 × (23 + 19) + 7

C. 21 + 19 + 23 × 2 + 7

b) ¿De cuantas formas podrías hacer grupos iguales sin que sobre nadie? Ten en cuenta que el número de grupos debe ser menor o igual que el número de profesores.

Ponte a prueba

Interpreta la información

Susana y Miguel quieren coger dos trenes a mediodía, que lleven a cada uno a su ciudad. Susana tomará la línea A, y Miguel, la línea B. Para encontrar una hora de salida consultan el horario en la estación.

1. ¿Qué datos del horario necesitan Susana y Miguel para averiguar la hora de salida de sus trenes? ¿Por qué?

2. Observa cuántos minutos pasan entre la salida de trenes de la misma línea y completa la siguiente tabla en tu cuaderno.

línea A	11:00	11:12	11:24	•••	•••	•••	•••	•••	•••	•••	•••
línea B	11:00	11:15	•••	•••	•••	•••	•••	•••	•••	•••	•••

3. ¿Crees que podrán encontrar una hora a la que salgan los dos trenes a la vez? ¿Cuál es?

Tarea final Juega a los divisores

Instrucciones del juego

- Se reparte toda la baraja entre los dos jugadores.
- Empieza el jugador que saque mayor puntuación al tirar un dado.
- Jugador 1: tira una carta.
- Jugador 2: tira todas las cartas que sean divisores de la carta que ha tirado el jugador 1. Después, tira otra carta para que continúe el juego.
- Si algún jugador no tiene divisores, pierde el turno.
- Gana el jugador que antes se quede sin cartas.

PASO 1 Juega con tu compañero de mesa. ¿Quién ha ganado?

PASO 2 Jugad entre 4 compañeros. ¿Podríais jugar entre 3? Explica por qué.

PASO 3 Reflexiona sobre cuál crees que es la mejor estrategia para ganar y escríbela en tu cuaderno.

smSaviadigital.com
VALORA LO APRENDIDO **¿Cómo has trabajado** en esta tarea?

Tratamiento de la información

Tablas de frecuencias, gráficos de barras y polígonos de frecuencias

Al lanzar un dado 15 veces se han obtenido estos resultados.

La **frecuencia** es el número de veces que se repite un dato. En una **tabla de frecuencias** se ordenan los datos y se anotan sus frecuencias.

resultado						
frecuencia	2	1	2	3	4	3

En un **gráfico de barras** la altura de cada barra representa la frecuencia del dato correspondiente. En un **polígono de frecuencias** se representan las frecuencias con puntos, que se unen mediante segmentos.

gráfico de barras

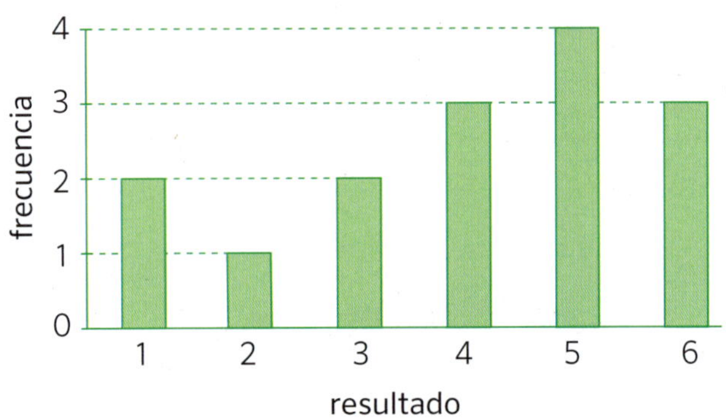

polígono de frecuencias

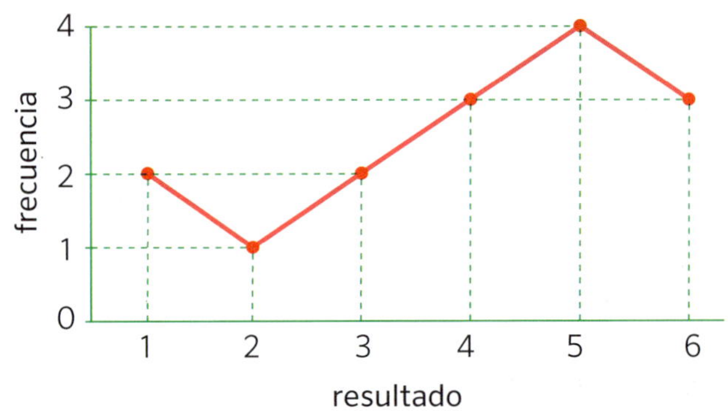

1 Observa esta tabla con las temperaturas de la última semana. Elabora un gráfico de barras y un polígono de frecuencias.

día de la semana	L	M	X	J	V	S	D
temperatura (°C)	9	6	5	6	8	5	3

a) ¿Cuál es la temperatura máxima?

b) ¿Qué valor tiene la temperatura mínima? ¿Qué día se dio?

2 Por grupos, investigad cuál es la estación del año favorita de los alumnos de la clase. Construid un gráfico de barras o un polígono de frecuencias.

primavera | verano | otoño | invierno

Nota Elaborad una tabla de frecuencias con los resultados. A partir de esta tabla construid los gráficos.

Lee la noticia y fíjate en el gráfico de barras que la acompaña.

EL CUENTATODO

Pág. 9

PUBLICACIÓN SEMANAL DEL COLEGIO CARLOS SAAVEDRA

¡Ya son dieciséis!

Hace unos días celebramos la decimosexta semana cultural de nuestro colegio. Los cinco talleres organizados por los profesores: plástica, educación física, danza, matemáticas y música, han sido un éxito.

La semana pasada os pedimos que rellenarais una pequeña encuesta. Con los votos recibidos hemos realizado un gráfico donde podéis ver cuáles son las preferencias de los alumnos.

Esta información nos ayudará a mejorar la próxima edición de la semana cultural. ¡Muchas gracias por participar! ■

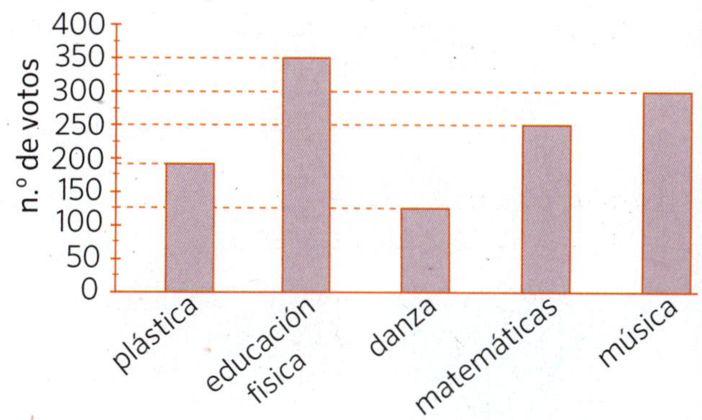

3 ¿Cuáles de estos talleres han votado los alumnos del colegio?

plástica · inglés · poesía · danza

música · matemáticas · ed. física

4 Copia y completa esta tabla con los datos del gráfico de barras.

taller	n.º de votos
plástica	190
educación física	●●●
danza	●●●
matemáticas	●●●
música	●●●

a) ¿Cuántos votos ha habido en total?

b) ¿Qué taller tiene menor frecuencia?

c) Dibuja el polígono de frecuencias.

d) ¿Cuál ha sido el taller preferido por los alumnos? ¿Coincide con algún otro valor?

5 En el taller de educación física los alumnos practicaron diversos deportes.

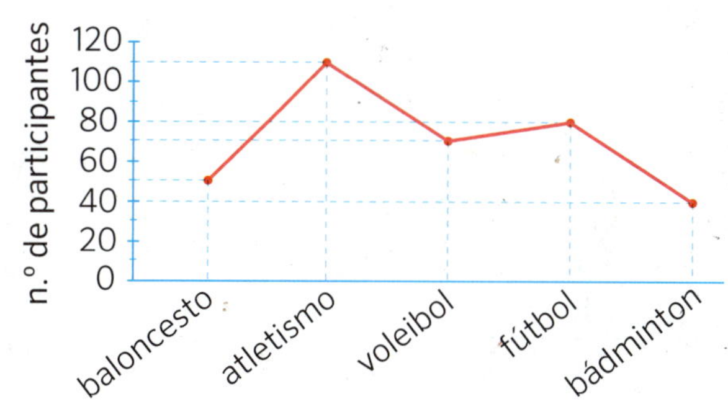

a) ¿En qué deporte hubo 70 participantes?

b) ¿Cuál fue el deporte con menos participantes?

6 Este gráfico representa las edades de los participantes en el taller de música.

a) Construye la tabla de datos asociada.

b) Dibuja el polígono de frecuencias.

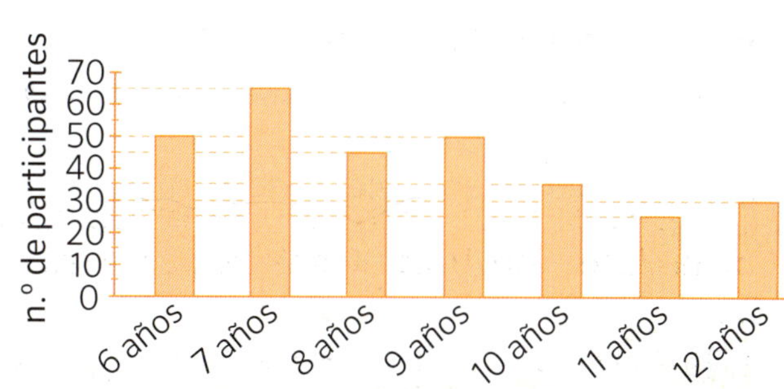

unidad

3

Las fracciones

¡Qué importante es... el reparto justo de recursos!

A veces resulta complejo repartir los recursos que tenemos, sobre todo cuando no se pueden dividir físicamente. En esas ocasiones, debemos emplear estrategias que permitan hacerlo de la manera más justa posible.

Tarea final

Al final de la unidad, participarás en un juego y reflexionarás sobre el reparto de recursos.

Quien parte y reparte...

Andrés odia las matemáticas. Un día, al salir del colegio, decide dar un paseo por el bosque. Allí encuentra una gran piedra de color verde que resulta ser Berto, un dragón matemático. Berto es tan capaz de resolver cualquier tipo de problema matemático como de hacer sorprendentes tartas. El dragón invita a Andrés a merendar en su cueva mientras conversan sobre fracciones.

—¡Vamos, pasa, no seas tímido! Está un poco oscuro, pero dentro se filtra la luz entre las rocas y se ve con claridad.

[...]

El dragón sirvió una enorme tarta de nata y chocolate.

—A mí no me gusta la nata.

—No pasa nada, no la comas si no quieres. Como ves hay más chocolate que nata, y ahora vamos a marcar los trozos con un cuchillo. ¿Qué nos sale?

—Pues salen cuatro trozos de chocolate y dos de nata.

—Es decir que si nos comemos solo el chocolate nos habremos zampado $\frac{4}{6}$ de la tarta.

—Dime, dragón, $\frac{4}{6}$ no es natural, ni siquiera entero. Es otro tipo de número y existe porque lo acabo de comprobar. ¿Cómo se llama?

—Es un número fraccionario y surge de la necesidad que tenemos de medir para comparar. Así sabré, glotoncete, que no has comido más tarta que yo.

Mario Campos Pérez: *Andrés y el Dragón Matemático.* Editorial Laertes

Hablamos

1. ¿En cuántos trozos dividen la tarta? ¿Cuántos hay de cada sabor?
2. ¿Qué fracción de tarta toman si se comen la parte de chocolate?
3. El refrán dice: "Quien parte y reparte se lleva la mejor parte". ¿Crees que es así en este caso? Explica por qué.

1 Las fracciones

Martín vende lasaña en porciones. Cada lasaña la divide en seis partes iguales.

Cada porción de lasaña se puede representar mediante una **fracción**:

$\frac{1}{6}$

- **numerador:** partes que se toman de la unidad.
- **denominador:** partes en que se divide la unidad.

Estas son las porciones de lasaña que ha vendido hoy. ¿De cuál ha vendido más?

lasaña de carne

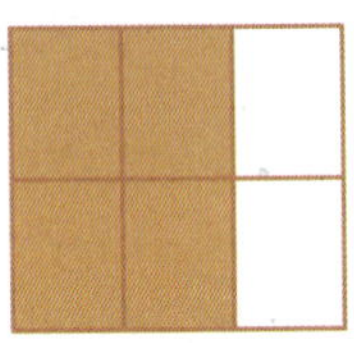

$\frac{4}{6} < 1$

Menos de una lasaña de carne

lasaña de verduras

$\frac{6}{6} = 1$

Una lasaña de verduras

lasaña de atún

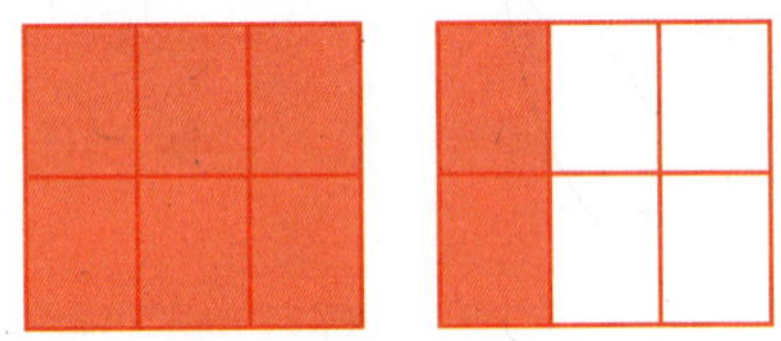

$\frac{8}{6} > 1$

Más de una lasaña de atún

Si el numerador es menor que el denominador, la fracción es **menor que la unidad** y se llama **propia**.

Si el numerador es igual que el denominador, la fracción es **igual a la unidad**.

Si el numerador es mayor que el denominador, la fracción es **mayor que la unidad** y se llama **impropia**.

1 Dibuja y escribe las fracciones que representan estas situaciones.

- Colorear 2 partes de las 8 en las que he dividido un folio.
- Pintar 4 caras de un dado de parchís.
- Comer 3 onzas de chocolate de una tableta de 10.
- Perder 9 teselas de un mosaico de 20.

2 ¿Qué fracción representa la parte coloreada en cada caso?

a)

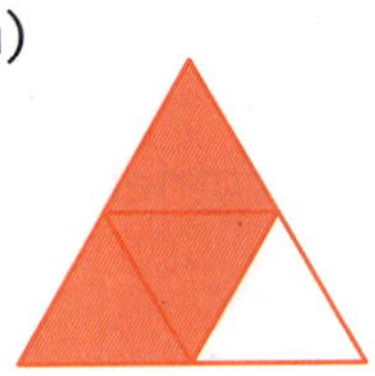

b)

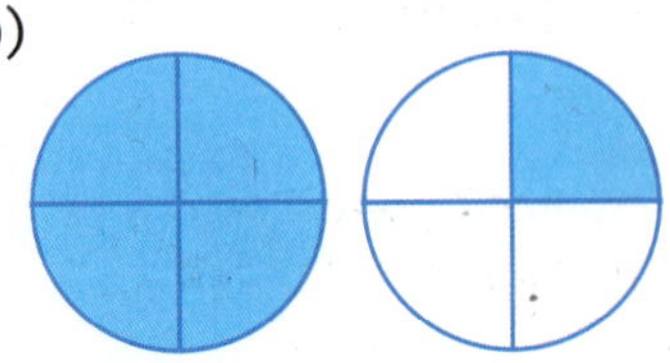

c)

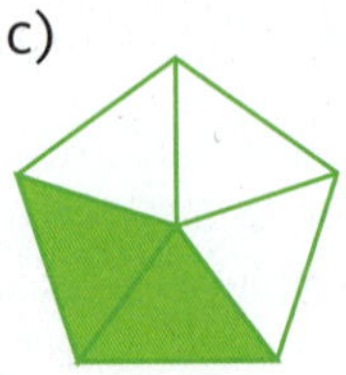

d)

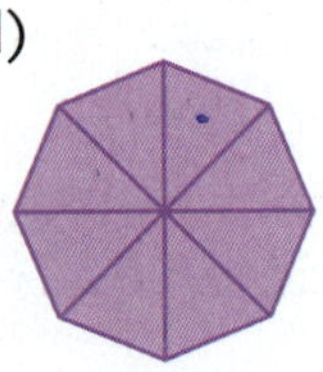

¿Cuáles de las fracciones anteriores son propias? ¿Cuál es impropia?

3 ¿Qué fracción tenemos que colorear para completar la unidad?

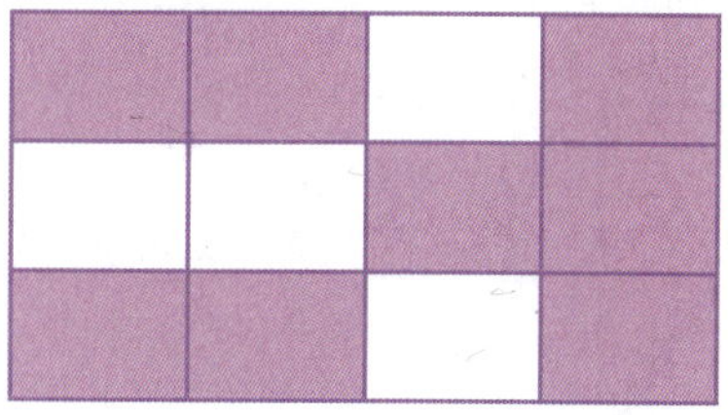

A. $\frac{8}{12}$ C. $\frac{4}{12}$

B. $\frac{12}{4}$ D. $\frac{12}{12}$

4 ¿Qué fracción falta para completar la unidad en cada caso?

tres décimos | un séptimo | cinco novenos | cuatro quintos

5 Completa estas expresiones en tu cuaderno.

$\frac{\bullet}{7} < 1$ $\frac{9}{\bullet} > 1$ $\frac{19}{\bullet} = 1$ $\frac{5}{\bullet} < 1$ $\frac{\bullet}{4} > 1$

6 Escribe la fracción que representa la parte coloreada de cada figura.

Nota Para obtener el denominador averigua en cuántas partes iguales se puede dividir cada figura.

Problemas

7 En una fiesta de cumpleaños hay 4 globos amarillos, 2 naranjas, 1 azul y 5 rojos. ¿Qué fracción representa cada color? Si se pinchan 5, ¿qué fracción del total quedan sin explotar? Haz un dibujo para representar la situación.

8 Alberto ha invitado a 8 amigos a cenar. Ha hecho 3 tortillas de patata y las quiere repartir en partes iguales entre todos. ¿Qué fracción de tortilla le corresponde a cada uno?

9 Natalia tiene 3 barras de pan. Quiere dividirlas en partes iguales y repartir los pedazos entre sus 5 sobrinos. ¿Qué fracción de barra le dará a cada niño?

A. $\frac{1}{5}$ B. $\frac{3}{5}$ C. $\frac{1}{3}$ D. $\frac{5}{3}$

2 Fracciones equivalentes

Sonia y José realizan un collage en dos cartulinas iguales. ¿Quién ha completado más cartulina?

$\frac{2}{3}$ →  ← $\frac{4}{6}$

Los dos han completado la misma parte de cartulina. Luego, $\frac{2}{3}$ y $\frac{4}{6}$ son **fracciones equivalentes**.

Para **comprobar si dos fracciones son equivalentes**, multiplicamos los términos en cruz.

$\frac{2}{3} \times \frac{4}{6}$ → $\begin{cases} 2 \times 6 = 12 \\ 3 \times 4 = 12 \end{cases}$ → $\frac{2}{3}$ y $\frac{4}{6}$ son equivalentes.

Dos **fracciones** son **equivalentes** cuando representan la misma parte de la unidad.

Podemos **calcular fracciones equivalentes** de dos formas.

a. Dividimos el numerador y el denominador por el mismo número.

b. Multiplicamos el numerador y el denominador por el mismo número.

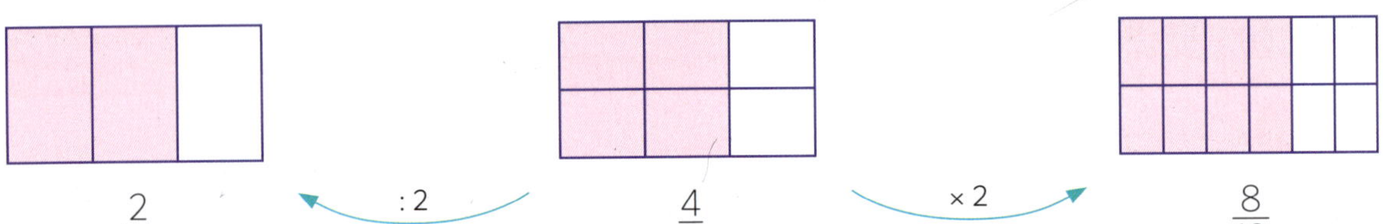

$\frac{2}{3}$ ← $\frac{:2}{:2}$ — $\frac{4}{6}$ — $\frac{\times 2}{\times 2}$ → $\frac{8}{12}$

La fracción $\frac{2}{3}$ es **irreducible** pues no podemos dividir su numerador y denominador por un mismo número.

10 Completa y colorea en tu cuaderno para que las fracciones sean equivalentes.

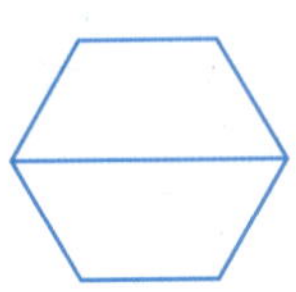 $\frac{1}{2} = \frac{\bullet}{6}$ 

 $\frac{3}{4} = \frac{\bullet}{8}$ 

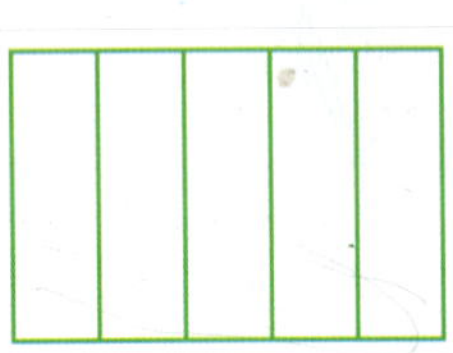 $\frac{2}{5} = \frac{\bullet}{\bullet}$ 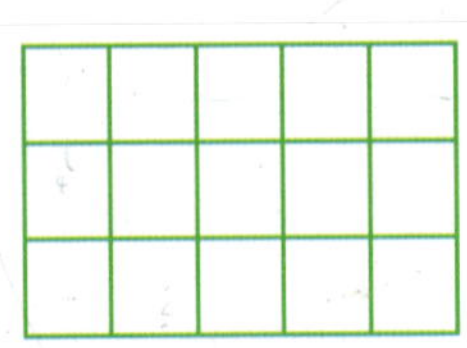

11 Comprueba si estas fracciones son equivalentes.

$\frac{1}{2}$ y $\frac{2}{4}$ $\frac{1}{4}$ y $\frac{4}{8}$ $\frac{1}{3}$ y $\frac{3}{9}$ $\frac{5}{10}$ y $\frac{4}{5}$

12 Escribe dos fracciones equivalentes a cada una de estas. ¿Cuáles de ellas son irreducibles?

$\frac{5}{7}$ $\frac{3}{4}$ $\frac{6}{11}$ $\frac{7}{21}$

13 Completa las igualdades con la fracción irreducible.

$\frac{5}{10} = \frac{\bullet}{2}$ $\frac{4}{6} = \frac{\bullet}{\bullet}$ $\frac{18}{24} = \frac{\bullet}{\bullet}$

$\frac{3}{9} = \frac{1}{\bullet}$ $\frac{14}{63} = \frac{\bullet}{\bullet}$ $\frac{25}{35} = \frac{\bullet}{\bullet}$

14 smSaviadigital.com **PRACTICA** Entra e identifica fracciones equivalentes.

Problemas

15 En la carnicería de Concha venden medio kilo de carne por 6 € y en la de Óscar, dos cuartos de kilo al mismo precio. ¿Cuál es más barata?

16 ¿Qué fracción del total de bolas representa el número de bolas de cada color? Expresa la solución con la fracción irreducible.

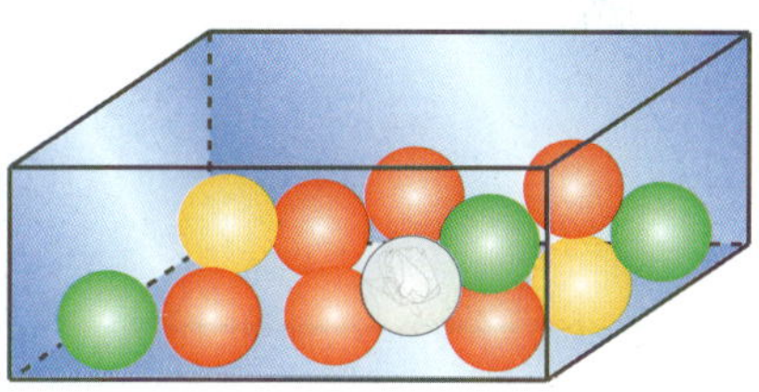

17 Raúl quiere pintar los $\frac{3}{12}$ de una pared de color amarillo. Si ha dividido la pared en 4 partes iguales, ¿cuántas de esas partes tiene que pintar?

Taller de matemáticas manipulativas

Tiras de fracciones equivalentes

1.º Recorta una tira y escribe 1 sobre ella.

1

Esta tira representa la unidad.

2.º Recorta otra tira igual que la anterior y divídela en 2 partes iguales. Cada parte representa $\frac{1}{2}$.

1	
$\frac{1}{2}$	$\frac{1}{2}$

3.º Divide otra tira igual a la que representa la unidad en 4 partes iguales. Cada parte representa $\frac{1}{4}$.

$\frac{1}{4}$			

4.º Comprueba cuántas partes de las que representan $\frac{1}{4}$ equivalen a $\frac{1}{2}$.

$\frac{1}{2}$			
$\frac{1}{4}$	$\frac{1}{4}$		

$\frac{2}{4} = \frac{1}{2} \rightarrow \frac{1}{2}$ y $\frac{2}{4}$ son fracciones equivalentes.

1 Divide la tira que representa la unidad en 6 partes iguales y responde.

$\frac{1}{6}$					

a) ¿Cuántas partes de las que representan $\frac{1}{6}$ equivalen a $\frac{1}{2}$?

b) ¿Cuántas partes de las que representan $\frac{1}{2}$ equivalen a $\frac{3}{6}$?

3 Comparar fracciones

Ali y Cris han llevado dos *pizzas* del mismo tamaño a una fiesta.

De la pizza de Ali se han comido $\frac{3}{6}$ y de la de Cris $\frac{5}{8}$. ¿De qué *pizza* se ha comido más cantidad?

Para averiguarlo, comparamos las fracciones que representan los trozos de *pizza* que han comido.

Pizza de Ali

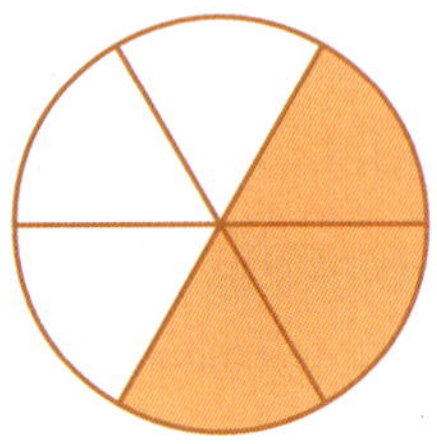

$\frac{3}{6}$

Pizza de Cris

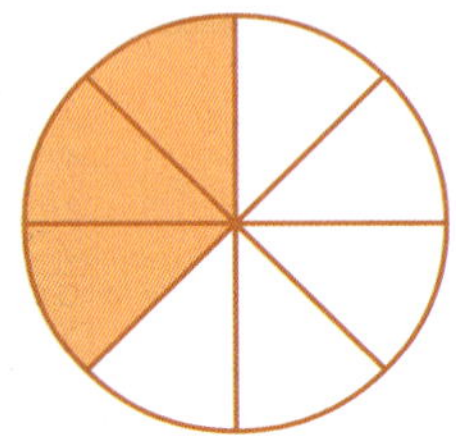

$\frac{5}{8}$

Para comparar fracciones sin representarlas, buscamos que las dos tengan el mismo denominador, calculando fracciones equivalentes.

1.º Buscamos por qué números tenemos que multiplicar el numerador y el denominador de cada fracción para que los denominadores sean iguales.

$$\frac{3}{6} \xrightarrow{\times 4} \frac{12}{24} \qquad \frac{5}{8} \xrightarrow{\times 3} \frac{15}{24}$$

2.º Como $\frac{12}{24}$ y $\frac{15}{24}$ tienen el mismo denominador, podemos compararlas.

$$\frac{12}{24} < \frac{15}{24} \rightarrow \frac{3}{6} < \frac{5}{8}$$

▶ Se han comido más cantidad de la *pizza* de Cris.

18 Escribe las fracciones que representan la parte coloreada de las figuras y ordénalas de menor a mayor.

a)

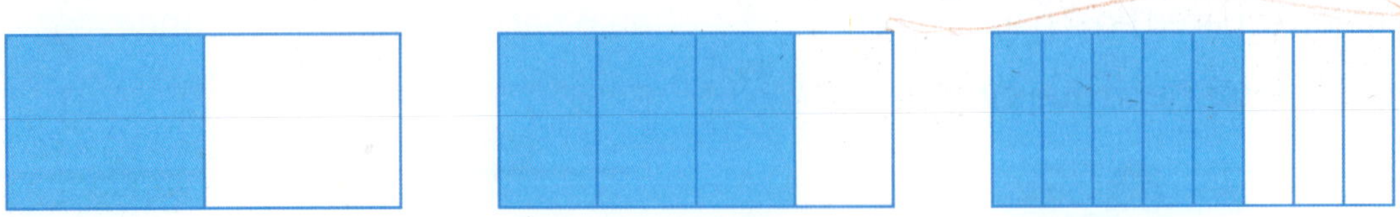

b)

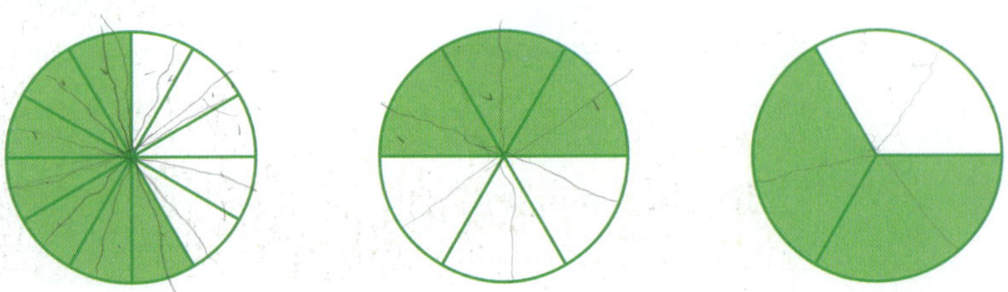

19 Compara estas fracciones en tu cuaderno, utilizando los signos >, = y <.

$\frac{3}{5}$ ••• $\frac{4}{5}$ $\frac{3}{6}$ ••• $\frac{2}{5}$ $\frac{5}{10}$ ••• $\frac{5}{10}$ $\frac{4}{3}$ ••• $\frac{8}{7}$

20 ¿Cuál de estas fracciones es mayor que $\frac{2}{5}$? Explica cómo lo has averiguado.

A. $\frac{1}{5}$ B. $\frac{2}{7}$ C. $\frac{3}{8}$ D. $\frac{2}{4}$

Nota Si dos fracciones tienen el **mismo denominador**, es mayor la que tiene el numerador mayor.
Si dos fracciones tienen el **mismo numerador**, es mayor la que tiene el denominador menor.

21 Escribe en tu cuaderno.

a) Tres fracciones mayores que $\frac{2}{6}$ con igual denominador.

b) Tres fracciones menores que $\frac{7}{10}$ con distinto numerador y denominador.

Compara tus respuestas con las de tus compañeros y comprueba que existen varias soluciones validas.

smSaviadigital.com **PRACTICA** Entra en la web y compara fracciones.

22 Copia esta recta en tu cuaderno y señala estas fracciones.

$\frac{1}{2}$ $\frac{1}{8}$ $\frac{3}{8}$ $\frac{3}{4}$

23 Busca una fracción que esté entre $\frac{3}{4}$ y $\frac{4}{6}$.

Problemas

24 En un cine, el viernes se vendieron cuatro octavos de las localidades, y el sábado, cinco sextos. ¿Qué día se vendieron más entradas?

25 Tras una lluvia de granizo, tres agricultores con fincas iguales han perdido parte de su cosecha. Al primero se le han estropeado $\frac{3}{5}$ de la cosecha, al segundo, $\frac{3}{8}$, y al tercero, $\frac{4}{9}$. ¿Quién ha sufrido menos perdida?

4 Fracción de una cantidad

Una encuesta realizada a los 30 alumnos de una clase de 5.º de Primaria muestra que $\frac{4}{6}$ de ellos siguen una dieta equilibrada. ¿Cuántos alumnos tienen una buena alimentación?

Para averiguarlo, calculamos $\frac{4}{6}$ de 30.

1.º Dividimos el total de alumnos, 30, entre el denominador de $\frac{4}{6}$, que es 6.

$30 : 6 = 5$ $\frac{1}{6}$ de $30 = 5$

Cada sexto son 5 alumnos.

2.º Multiplicamos el resultado por el numerador de $\frac{4}{6}$, que es 4.

$5 \times 4 = 20$ $\frac{4}{6}$ de $30 = 20$

Cuatro sextos son 20 alumnos.

La fracción $\frac{4}{6}$ indica que si dividimos el número total de alumnos en 6 partes iguales, 4 de esas partes son los alumnos que siguen una dieta equilibrada.

$$\frac{4}{6} \text{ de } 30 = (30 : 6) \times 4 = 20$$

▶ Tienen una buena alimentación 20 alumnos de la clase.

Para calcular la **fracción de una cantidad**, dividimos la cantidad entre el denominador y multiplicamos el resultado por el numerador.

26 Luz ha coloreado $\frac{2}{7}$ de este dibujo. Dibuja la misma figura en tu cuaderno y coloréala según se indica.

- $\frac{1}{4}$ de 28
- $\frac{3}{14}$ de 28
- $\frac{1}{7}$ de 28
- $\frac{1}{28}$ de 28
- $\frac{1}{14}$ de 28

27 Calcula.

$\frac{2}{3}$ de 12 $\frac{5}{8}$ de 56 $\frac{4}{12}$ de 72 $\frac{6}{9}$ de 63

28 Lee y calcula.

dos quintos de cien

tres décimos de ciento ochenta

diez dieciseisavos de doscientos cuarenta

¿Sabías que...?

Aunque no lo parezca, las matemáticas y la música están muy relacionadas.

Pitágoras, matemático y filósofo griego, descubrió la escala musical con ayuda de las fracciones.

29 ¿Cuál de estas igualdades es cierta? Corrige las falsas.

A. $\frac{3}{4}$ de 48 = 64

B. $\frac{12}{18}$ de 360 = 240

C. $\frac{7}{9}$ de 117 = 82

D. $\frac{10}{30}$ de 960 = 2.880

30 Une en tu cuaderno cada expresión con el dibujo que representa.

$\frac{2}{3}$ de 15

$\frac{2}{6}$ de 12

$\frac{4}{5}$ de 10

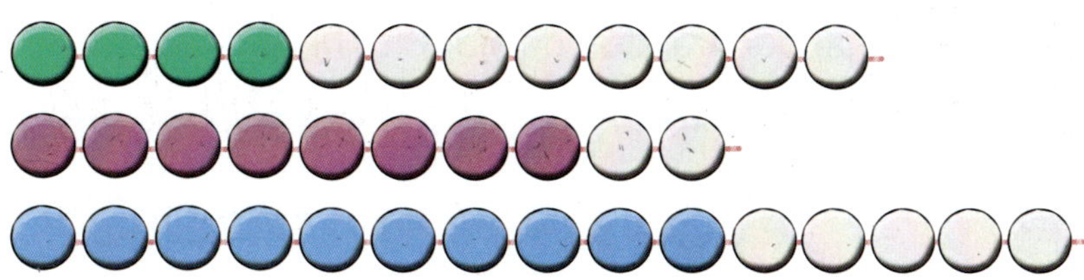

31 Calcula estas cantidades.

$\frac{2}{5}$ de 80 $\frac{7}{20}$ de 80 $\frac{1}{4}$ de 80 $\frac{3}{4}$ de 80

a) Ordena las cantidades según los resultados que has calculado.

b) De las fracciones que aparecen, ¿cuál es mayor? ¿Y la menor?

c) Si una fracción es mayor que otra, ¿cómo son los resultados?

d) ¿Qué conclusión puedes sacar?

Nota Observa que son fracciones de la misma cantidad.

Problemas

32 Un ciclista corre una etapa de 120 km. Si lleva recorridos $\frac{3}{5}$ de la etapa, ¿cuántos kilómetros le faltan para llegar a la meta?

33 Si han transcurrido $\frac{5}{6}$ del año, ¿en qué mes nos encontramos?

34 Los alumnos de 5.º repartieron el lunes dos octavos de las invitaciones para un festival, el martes, tres octavos, y el miércoles, un octavo. Si en total hay 480 invitaciones, ¿cuántas les quedan por repartir?

Problemas

Estrategia: Representar gráficamente el problema

La mitad de los alumnos de un colegio visitan un parque natural. De ellos, la mitad recorre una senda botánica y la otra mitad va al aula del parque. La mitad de los que van al aula ven un vídeo de aves y el resto hace un taller.

¿Qué fracción representa a los alumnos que hacen el taller?

- ¿Qué nos pide el problema?

  Expresar como fracción cuántos niños hacen el taller.

- ¿Qué datos necesitamos?

  La fracción de alumnos del colegio que visitan el parque, la fracción de alumnos que van al aula y la fracción de alumnos que ven un vídeo.

- ¿Cómo se resuelve?

  Representamos los datos para averiguar qué fracción de alumnos hace el taller.

1.º Niños que visitan el parque.

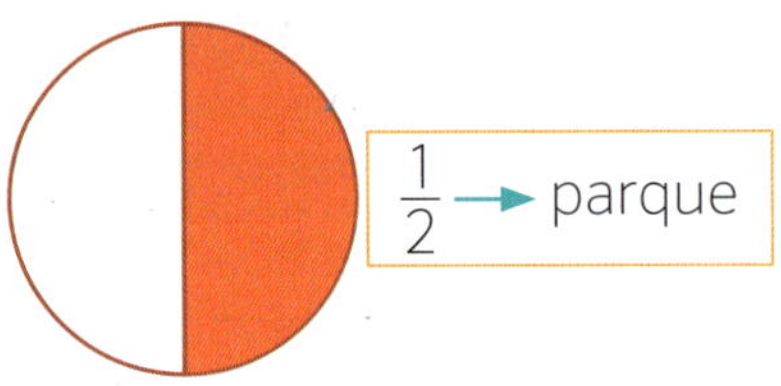

2.º Niños que van al aula del parque.

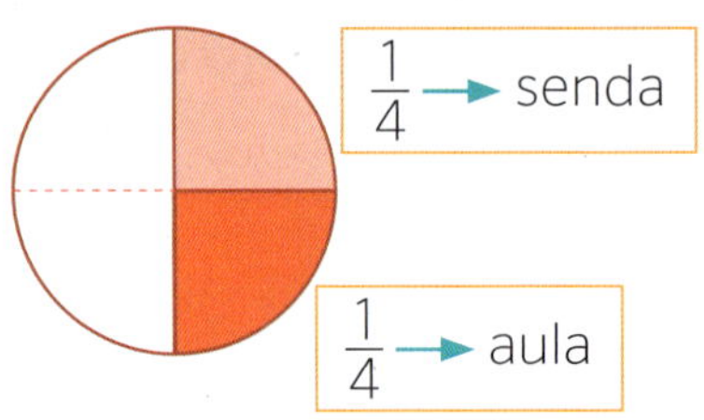

3.º Niños que ven un vídeo de aves y que hacen un taller.

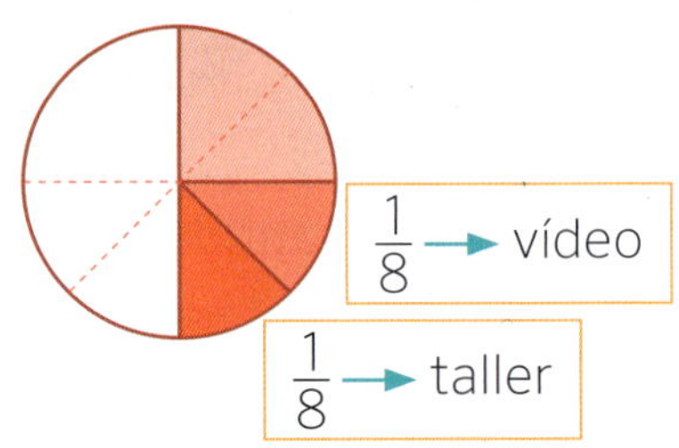

▶ **Solución:** Hacen el taller $\frac{1}{8}$ de los alumnos.

➲ Comprueba la solución con la ayuda de tres folios, doblándolos en 2, 4 u 8 partes.

1 Marcos ha pintado los $\frac{2}{4}$ de su cuadro, Andrea, la mitad del suyo, y Berta, $\frac{5}{8}$. Si los lienzos tienen el mismo tamaño, ¿quién ha pintado más? Ayúdate de un dibujo.

2 María se ha comido dos cuartos de una caja de bombones. Si quiere repartir el resto entre dos amigas, ¿qué fracción puede dar a cada una? Representa gráficamente tres posibilidades distintas y exprésalas en forma de fracción.

smSaviadigital.com
RESUELVE PROBLEMAS Paso a paso en la web.

Utiliza tus estrategias

1 Carlos ha gastado cinco doceavas partes del depósito de gasolina de su coche esta semana. La pasada gastó dos doceavas partes, y la anterior, una doceava parte. ¿Qué semana ha gastado más gasolina?

2 Nicolás ha colocado tres sextas partes de sus libros en una estantería, dos sextos los ha guardado en un armario y un sexto lo ha empaquetado en un caja. ¿Dónde ha colocado menos libros?

3 Aitana y sus amigos están pintando las vallas de sus casas, que son iguales. Si Aitana ha pintado $\frac{1}{5}$ de una valla, Roberto, $\frac{1}{4}$, Carla, $\frac{1}{3}$, y Julián, $\frac{1}{7}$, ¿a quién le queda más fracción de valla por pintar?

4 Arancha ha comprado un ordenador por 960 €. Si su padre le ha prestado un tercio del dinero, su abuela, la sexta parte, y su hermana, dos quintas partes, ¿cuántos euros le ha dejado cada uno?

5 En un cine vendieron una sexta parte de las entradas el jueves, un tercio, el viernes, y un cuarto el sábado. Si el domingo fue el día en que se vendieron más entradas, ¿qué fracción de las localidades pudieron vender?

A. $\frac{1}{2}$ B. $\frac{1}{5}$ C. $\frac{1}{7}$ D. $\frac{1}{8}$

6 ¿De qué tipo de plantas hay más cantidad en el vivero?

árboles	plantas carnívoras	arbustos	flores
$\frac{7}{20}$	$\frac{7}{45}$	$\frac{7}{25}$	$\frac{7}{60}$

A. árboles
B. plantas carnívoras
C. arbustos
D. flores

7 Cuatro amigos se han repartido 90 cromos. Luis se ha quedado $\frac{1}{3}$, Ana, $\frac{2}{5}$, Pau, $\frac{1}{6}$, y el resto se los ha quedado Tere. ¿Cuántos cromos tiene Tere?

A. 3 B. 15 C. 9 D. 29

Inventa un problema

8 Observa este parque e inventa un problema en el que se utilicen fracciones para resolverlo.

¿Tiene sentido?

9 Mario recorrió el lunes las tres octavas partes de una pista de atletismo, el miércoles, siete séptimas partes, y el viernes, dos cuartas partes. ¿Es cierto que cada día ha recorrido más metros que el anterior?

10 Tres amigos han comprado un pastel cada uno. Sergio ha tomado tres cuartas partes del suyo, Lorena, cinco sextos de su pastel, y Álex, seis quintos del suyo. ¿Es posible? Explica por qué.

Matemáticamente

Cálculo mental **Restar números completando decenas**

90 – 35

35 → 40 → 90

+5 +50

55

90 – 35 = 5 + 50 = 55

180 – 64

64 → 70 → 180

+6 +110

116

180 – 64 = 6 + 110 = 116

1 Aplica la estrategia y resuelve en tu cuaderno.

70 – 24	80 – 56	170 – 26	360 – 95
50 – 16	60 – 37	290 – 57	580 – 64

2 Comenta con un compañero los pasos necesarios para resolver estas restas. Escríbelos en tu cuaderno. ¿Se os ocurre otro modo de resolverlas?

85 – 63	77 – 45	123 – 78
91 – 72	61 – 48	581 – 44

3 El patio de butacas de un teatro tiene 243 asientos. Si para la función de hoy ya han ocupado 95 asientos, ¿cuántos quedan libres?

smSaviadigital.com
PRACTICA Utiliza esta estrategia de **cálculo mental**.

Retos matemáticos

1 ¿Cómo puedes conseguir 8 trozos iguales de esta tarta haciendo solo tres cortes?

2 ¿Representan la pieza roja y verde juntas más de $\frac{1}{3}$ de la figura?

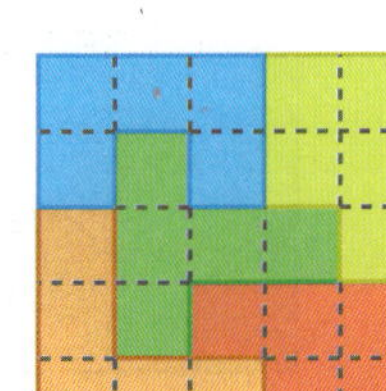

Repasa la unidad

Organiza tus ideas

Las fracciones

fracciones y unidad

propia

$\frac{4}{6} < 1$

unidad

$\frac{6}{6} = 1$

impropia

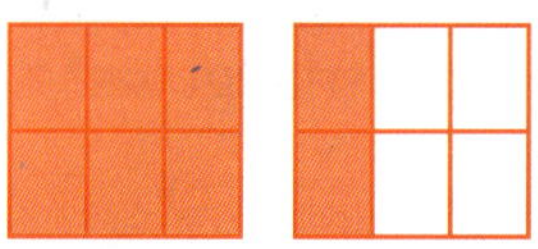

$\frac{8}{6} > 1$

fracciones equivalentes

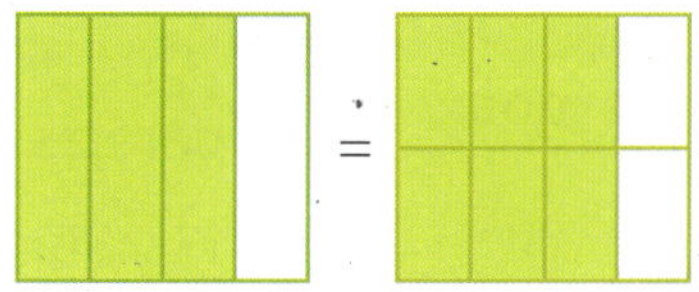

$\frac{3}{4} = \frac{6}{8}$

comprobación

$3 \times 8 = 4 \times 6 = 24$

cálculo

$\frac{2}{3} \xrightarrow{\times 3} \frac{6}{9}$ $\qquad$ $\frac{6}{9} \xrightarrow{:3} \frac{2}{3}$

comparación de fracciones

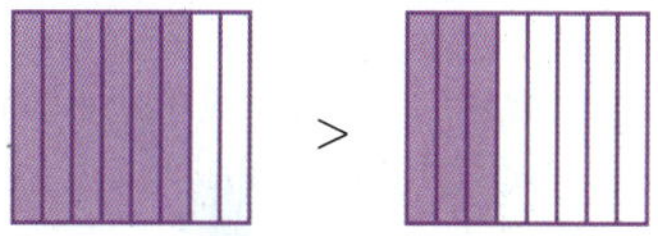

$\frac{6}{8} > \frac{3}{8}$

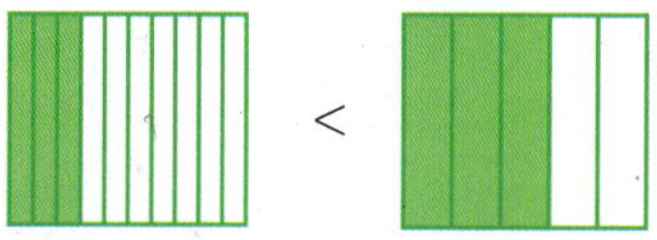

$\frac{3}{10} < \frac{3}{5}$

fracción de una cantidad

$\frac{4}{6}$ de $30 = (30 : 6) \times 4 = 20$

$\frac{3}{5}$ de $145 = (145 : 5) \times 3 = 87$

1 Escribe estas fracciones, represéntalas con un dibujo y di si son propias o impropias.

tres doceavos — dos sextos

siete quintos — nueve cuartos

2 Identifica, en cada grupo, la fracción que no es equivalente al resto.

$\frac{30}{50}$ $\frac{9}{25}$ $\frac{6}{10}$ $\qquad$ $\frac{18}{21}$ $\frac{7}{6}$ $\frac{36}{42}$

3 Completa en tu cuaderno con la fracción irreducible.

$\frac{6}{22} = \frac{\bullet}{\bullet}$ $\qquad$ $\frac{35}{42} = \frac{\bullet}{\bullet}$ $\qquad$ $\frac{17}{23} = \frac{\bullet}{\bullet}$

4 Representa y escribe.

a) Una fracción menor que tres octavos con igual denominador.

b) Una fracción mayor que dos quintos con igual numerador.

5 Calcula las fracciones de estas cantidades.

$\frac{2}{3}$ de 18 $\qquad$ $\frac{5}{6}$ de 24 $\qquad$ $\frac{4}{18}$ de 36

Problemas

6 Tres hermanos compran un regalo para su abuelo. Celia paga $\frac{1}{6}$ del total, Lucía, $\frac{1}{3}$, y Fernando, $\frac{6}{12}$. ¿Quién paga más dinero? ¿Y menos?

7 De los alumnos de una clase, dos séptimos son rubios, cuatro séptimos, morenos y el resto, pelirrojos. Si en la clase hay 28 alumnos, ¿cuántos hay con el pelo de cada color?

Vocabulario matemático

8 Explica el significado de la palabra *cuarto* en cada oración.

- Óscar llegó en cuarto lugar en la carrera.
- Beatriz tomó un cuarto de tortilla para cenar.

smSaviadigital.com

VALORA LO APRENDIDO Comprueba lo que sabes en la **autoevaluación**.

Repasa las unidades

1 ¿Cuál de estas cantidades es mayor?

- Trescientos dos mil cuatrocientos tres
- Trescientos dos mil novecientos noventa
- Trescientos mil noventa y nueve

2 Indica cuántos habitantes tienen estas dos ciudades redondeando al millón.

1.620.943

703.021

3 Copia estas operaciones y coloca paréntesis donde sea necesario.

$12 + 3 \times 4 = 60$ $\quad$ $8 \times 4 + 3 + 4 = 60$

$12 \times 4 + 3 \times 4 = 60$ $\quad$ $20 \times 10 - 8 + 20 = 60$

4 Señala los números que son múltiplos de 2 y de 3 al mismo tiempo.

15 75 36 80 24 43 126

5 ¿Qué divisores tienen en común las siguientes parejas de números?

15 y 25 $\quad$ 30 y 12 $\quad$ 21 y 10 $\quad$ 28 y 42

6 Identifica las fracciones equivalentes a $\frac{15}{21}$. Indica cómo se han obtenido.

$\frac{3}{11}$ $\quad$ $\frac{30}{42}$ $\quad$ $\frac{5}{7}$ $\quad$ $\frac{45}{84}$

7 ¿Qué fracción representa cada una de las partes coloreadas de estos triángulos?

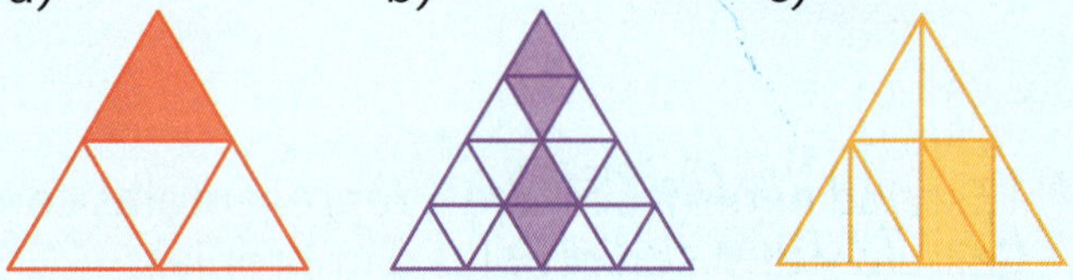

a) Escribe cómo se leen.

b) Ordénalas de menor a mayor.

Problemas

8 La mitad de los alumnos de un colegio practica fútbol, la cuarta parte, baloncesto, y el resto, balonmano. Expresa con una fracción los alumnos que practican cada deporte.

a) ¿Qué deporte es el más practicado?

b) Si en el colegio hay 752 alumnos, ¿cuántos practican cada deporte?

9 En un papiro del antiguo Egipto, que se encontró en 1858, aparecen fracciones representadas con estos símbolos.

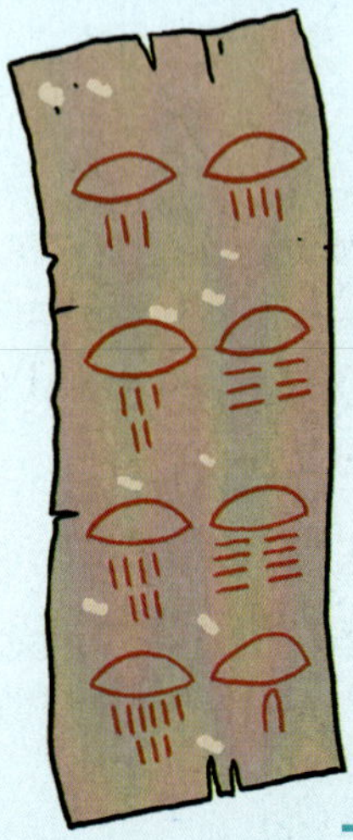

a) Cuando se encontró el papiro tenía 3.508 años de antigüedad. ¿Qué antigüedad tiene ahora?

b) Observa la equivalencia.

 $= \frac{1}{3}$

Si todas las fracciones tienen 1 en el numerador, ¿qué fracciones aparecen en el papiro? ¿Cuál es la mayor?

Ponte a prueba

Observa y reflexiona

En algunos juegos, las fichas están divididas en varias partes que se completan si el jugador responde bien a las preguntas.

1. Observa la ficha de la imagen. Si aciertas una pregunta, se rellena un hueco de la ficha. ¿Qué fracción de la ficha se obtiene al acertar una pregunta?

2. ¿Qué parte de la ficha se completa al acertar 4 preguntas?

   A. $\frac{6}{4}$ B. $\frac{4}{6}$ C. $\frac{2}{6}$ D. $\frac{4}{4}$

3. Si la ficha anterior está en segunda posición en una partida de cuatro jugadores, ¿qué fracción de su ficha pueden tener rellena los demás jugadores?

4. Un jugador ha fallado $\frac{6}{7}$ de 28 preguntas. ¿Cuántas partes rellenadas tiene su ficha?

Tarea final Obtén una fracción de tarta

PASO 1 En equipos de cuatro, dibujad en el patio una tarta dividida en seis partes como la tarta de la lectura.

PASO 2 Colocaos a 1 m del dibujo y lanzad una chapa cada uno.

- Si cae dentro de un trozo ganas la fracción que representa ese trozo.
- Si cae entre varios, ganas la fracción que representa cada trozo.

PASO 3 Dibujad en una cartulina la tarta y comprobad si entre todos habéis conseguido la tarta entera, menos de una tarta o más de una tarta.

PASO 4 Escribe en tu cuaderno cómo podríais repartir la tarta entre los cuatro a partes iguales.

smSaviadigital.com

VALORA LO APRENDIDO ¿Cómo has trabajado en esta tarea?

unidad

4

Operar con fracciones

¡Qué importante es... la creatividad!

Ser creativos nos permite expresar ideas de manera original, inventar textos interesantes y bellos, imaginar proyectos innovadores, proponer curiosos enigmas y dar con soluciones nuevas a los problemas a los que nos enfrentamos en la vida.

Tarea final

En la tarea pondrás en práctica tu creatividad. Debéis traer unos 40 macarrones de casa. Si queréis podéis pintarlos de diferentes colores. Después, en grupos de cuatro, haréis un collar siguiendo ciertas instrucciones y realizaréis un mural para exponerlo en clase.

Poesía matemática

En el siglo x, José Ben Alvar, un muchacho mozárabe con una sorprendente capacidad para el cálculo, se ve obligado a abandonar su hogar en el Califato de Córdoba. Durante su viaje conoce a Emma, una joven novicia, a la que plantea un enigma matemático en forma de poema.

Un collar se rompió mientras jugaban
dos enamorados,
y una hilera de perlas se escapó.
La sexta parte al suelo cayó,
la quinta parte en la cama quedó,
y un tercio la joven recogió.
La décima parte el enamorado encontró
y con seis perlas el cordón se quedó.
Dime cuántas perlas tenía el collar
de los enamorados.

Emma sacó las manos de las mangas para aplaudir divertida.

—¡Qué bonito! ¿Cuántas perlas había?

José también reía.

—Yo conozco ya el resultado, pero lo podemos calcular ahora. Vais a ver qué fácil y rápido.

[...]

José buscó una ramita rota y dibujó un cuadro en el suelo que luego dividió por rayas verticales como una reja.

—Con este sistema se opera más rápido que con el ábaco latino —explicó.

Dibujó varios signos en los pequeños cuadros de la reja antes de anunciar:

—El collar tenía treinta perlas.

Mª Isabel Molina: *El señor del cero.* Editorial Alfaguara

Hablamos

1. ¿Cuál es el significado de las palabras *mozárabe* y *novicia*? Utiliza el diccionario si es necesario.
2. ¿Qué fracciones se formaron al romperse el collar?
3. ¿Cuántas perlas dice José que tenía el collar? Utiliza fichas para comprobarlo.

1 Sumar fracciones

Observa cómo sumamos dos fracciones con el mismo denominador.

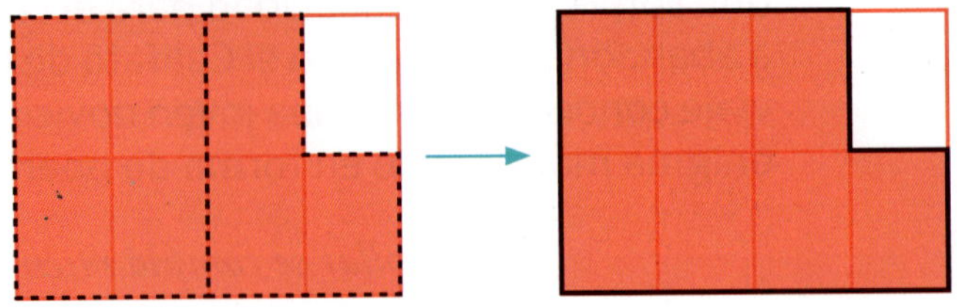

$\frac{4}{8} + \frac{3}{8}$ → $\frac{7}{8}$

$$\frac{4}{8} + \frac{3}{8} = \frac{4+3}{8} = \frac{7}{8}$$

Para **sumar fracciones con el mismo denominador**, dejamos el mismo denominador y sumamos los numeradores.

¿Se pueden sumar fracciones con distinto denominador?

Para calcular $\frac{2}{5} + \frac{1}{4}$, buscamos que tengan el mismo denominador calculando fracciones equivalentes.

1.º Buscamos por qué números tenemos que multiplicar el numerador y denominador de cada fracción para que los denominadores sean iguales.

$$\frac{2}{5} \xrightarrow{\times 4} \frac{8}{20} \qquad \frac{1}{4} \xrightarrow{\times 5} \frac{5}{20}$$

2.º Como $\frac{8}{20}$ y $\frac{5}{20}$ tienen el mismo denominador, podemos sumarlas:

$$\frac{2}{5} + \frac{1}{4} = \frac{8}{20} + \frac{5}{20} = \frac{13}{20}$$

Para **sumar fracciones con distinto denominador**, buscamos fracciones equivalentes con el mismo denominador y las sumamos.

1 ¿Cuál es el resultado de estas operaciones?

$\frac{5}{10} + \frac{4}{10}$ $\qquad$ $\frac{2}{7} + \frac{3}{7}$ $\qquad$ $\frac{5}{4} + \frac{1}{4}$ $\qquad$ $\frac{4}{12} + \frac{7}{12}$

2 Escribe las fracciones representadas y calcula.

a) 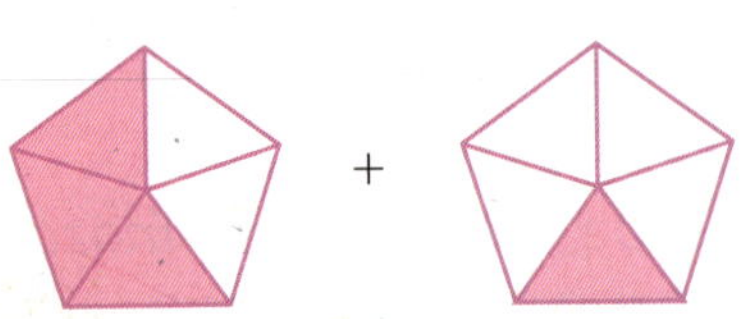

c) 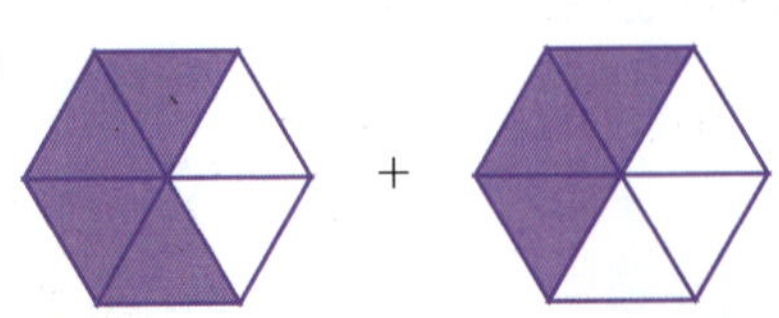

b) 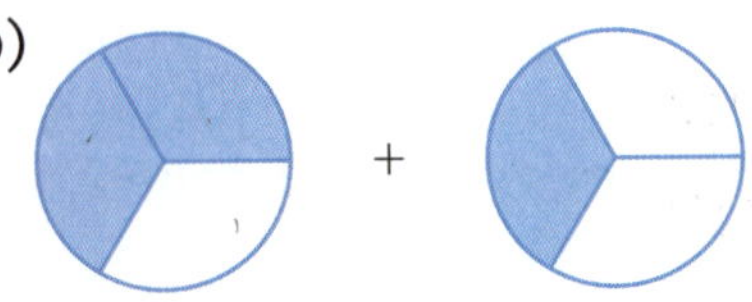

d) 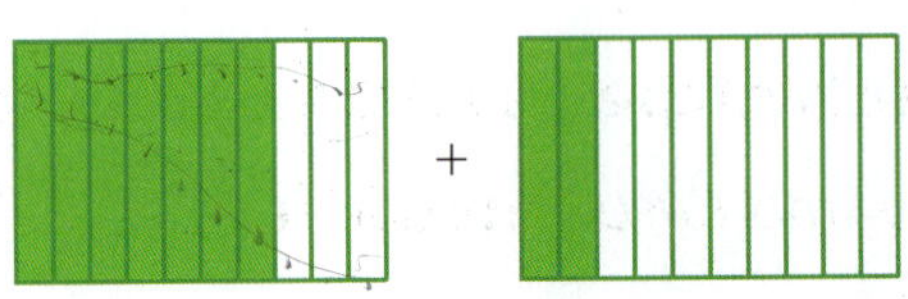

3 Escribe estas expresiones en forma de producto y calcula el resultado.

Ejemplo:

$$\frac{3}{5}+\frac{3}{5}+\frac{3}{5}+\frac{3}{5}=4\times\frac{3}{5}=\frac{4\times3}{5}=\frac{12}{5}$$

$\frac{4}{7}+\frac{4}{7}+\frac{4}{7}+\frac{4}{7}+\frac{4}{7}$ $\frac{8}{25}+\frac{8}{25}+\frac{8}{25}$ $\frac{6}{14}+\frac{6}{14}+\frac{6}{14}+\frac{6}{14}+\frac{6}{14}+\frac{6}{14}+\frac{6}{14}$

Nota Para multiplicar un número por una fracción, multiplicamos el número por el numerador y dejamos el mismo denominador.

4 Calcula cuántos kilogramos de harina y cuántos litros de agua hay en total. Expresa el resultado como suma y como producto.

a)

b)

5 Calcula las siguientes sumas.

$\frac{3}{4}+\frac{1}{3}$ $\frac{2}{5}+\frac{3}{2}$ $\frac{5}{8}+\frac{4}{7}$ $\frac{6}{11}+\frac{2}{3}$ $\frac{2}{9}+\frac{4}{5}$

sm**Savia**digital.com
PRACTICA Entra en la web y practica la suma de fracciones.

6 ¿Cuál es la fracción irreducible de la operación $4\times\left(\frac{5}{6}+\frac{1}{3}\right)$?

A. $\frac{24}{9}$ B. $\frac{14}{3}$ C. $\frac{24}{3}$ D. $\frac{20}{3}$

Problemas

7 Mara ha comprado tres cuartos de kilo de nueces, dos cuartos de kilo de castañas y un cuarto de kilo de avellanas. ¿Qué cantidad de frutos secos ha comprado en total? ¿Pesa más o menos de un kilo?

8 Jacobo ha calculado que cuando anda avanza $\frac{7}{10}$ de metro en cada paso. ¿Qué fracción de metro recorre en 8 pasos?

9 Después de un incendio, se han replantado los $\frac{2}{5}$ de un bosque con pinos, y los $\frac{3}{7}$, con encinas. ¿Qué fracción del bosque se ha repoblado en total?

2 Restar fracciones

Observa cómo restamos dos fracciones con el mismo denominador.

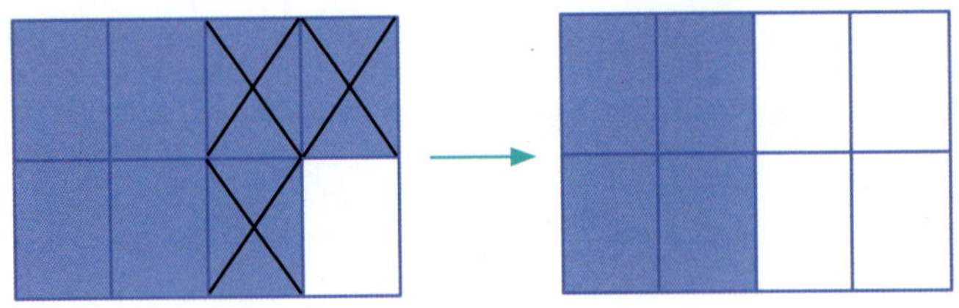

$\frac{7}{8} - \frac{3}{8}$ $\qquad$ $\frac{4}{8}$

$$\frac{7}{8} - \frac{3}{8} = \frac{7-3}{8} = \frac{4}{8}$$

Para **restar fracciones con el mismo denominador**, dejamos el mismo denominador y restamos sus numeradores.

¿Se pueden restar fracciones con distinto denominador?

Para calcular $\frac{4}{5} - \frac{2}{3}$, buscamos que tengan el mismo denominador calculando fracciones equivalentes.

1.º Buscamos por qué números tenemos que multiplicar el numerador y denominador de cada fracción para que los denominadores sean iguales.

$$\frac{4}{5} \xrightarrow{\times 3} \frac{12}{15} \qquad \frac{2}{3} \xrightarrow{\times 5} \frac{10}{15}$$

2.º Como $\frac{12}{15}$ y $\frac{10}{15}$ tienen el mismo denominador, podemos restarlas:

$$\frac{4}{5} - \frac{2}{3} = \frac{12}{15} - \frac{10}{15} = \frac{2}{15}$$

Para **restar fracciones con distinto denominador**, buscamos fracciones equivalentes con el mismo denominador y las restamos.

10 ¿Cuál es el resultado de estas operaciones?

$\frac{7}{9} - \frac{5}{9}$ $\qquad$ $\frac{16}{14} - \frac{5}{14}$ $\qquad$ $\frac{4}{5} - \frac{2}{5}$ $\qquad$ $\frac{8}{11} - \frac{7}{11}$

11 Relaciona en tu cuaderno cada resta con su representación y calcula.

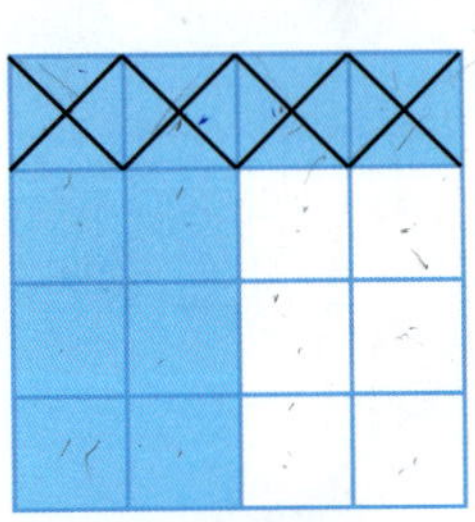

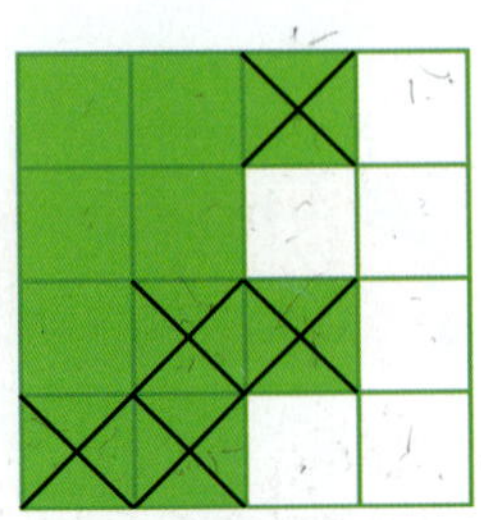

$\frac{10}{16} - \frac{5}{16}$ $\qquad$ $\frac{11}{16} - \frac{4}{16}$ $\qquad$ $\frac{10}{16} - \frac{4}{16}$

12 Copia y completa en tu cuaderno.

$\frac{6}{8} - \frac{\bullet}{\bullet} = \frac{1}{8}$ $\frac{\bullet}{\bullet} - \frac{5}{7} = \frac{6}{7}$ $\frac{12}{13} - \frac{\bullet}{\bullet} = \frac{5}{13}$ $\frac{\bullet}{\bullet} - \frac{9}{21} = \frac{2}{21}$

13 Escribe y compara tus respuestas con las de un compañero.

Dos fracciones cuya resta sea igual a $\frac{1}{3}$.	Dos fracciones cuya resta sea igual a $\frac{6}{10}$.

a) ¿Habéis escrito los dos lo mismo?

b) Si no coinciden vuestras respuestas, ¿es posible que los dos los hayáis hecho correctamente? Dibujadlo.

14 Calcula las siguientes restas.

$\frac{3}{4} - \frac{1}{2}$ $\frac{6}{7} - \frac{2}{3}$ $\frac{5}{11} - \frac{1}{5}$ $\frac{4}{6} - \frac{3}{12}$ $\frac{9}{10} - \frac{3}{5}$

smSaviadigital.com
PRACTICA Entra en la web y practica la resta de fracciones.

15 Indica cuál es el resultado de $\frac{4}{5} - \left(\frac{1}{3} + \frac{1}{4}\right)$.

A. $\frac{13}{20}$ B. $\frac{8}{35}$ C. $\frac{13}{60}$ D. $\frac{6}{15}$

Problemas

16 Macarena utiliza un surtido de frutas que pesa 1 kg para hacer una tarta. Si $\frac{2}{7}$ de kilo son fresas, $\frac{1}{7}$ de kilo son cerezas, y $\frac{3}{7}$ de kilo, naranjas, ¿qué fracción del kilo representa el resto de frutas?

17 Una jarra está llena hasta los $\frac{8}{9}$ de su capacidad. Si echamos $\frac{2}{9}$ en un vaso y derramamos $\frac{3}{9}$, ¿qué fracción de la jarra queda llena?

18 De un paquete de pan de sándwich, Víctor ha gastado dos quintos, y Tamara, un cuarto.

a) ¿Qué fracción del paquete han gastado entre los dos?

b) ¿Qué fracción del paquete representa lo que queda?

c) Si el paquete tiene 20 rebanadas, ¿podemos hacer cuatro sándwiches con el pan que queda?

3 La fracción como división

Lucas ha recogido 24 huevos en su granja de gallinas. ¿Cuántas hueveras de 12 huevos puede completar?

Para averiguarlo, podemos utilizar una fracción como división, en la que el numerador es el dividendo y el denominador el divisor.

$\frac{24}{12}$ → numerador → dividendo = 24 → $\frac{24}{12} = 24 : 12 = 2$
denominador → divisor = 12

Una fracción equivale al resultado de dividir el numerador entre el denominador.

Al día siguiente, Lucas recoge 19 huevos. ¿Cuántas hueveras se completan ahora?

$\frac{12}{12} = 1$ huevera

$\frac{7}{12}$ de huevera

$\frac{19}{12}$ → numerador → dividendo = 19
denominador → divisor = 12

→ 19 | 12
7   1

▶ Lucas completa 1 huevera y $\frac{7}{12}$ de otra, es decir, $1 + \frac{7}{12}$.

Las fracciones impropias se pueden escribir como suma de un número natural más una fracción.

$$\frac{19}{12} = \frac{12}{12} + \frac{7}{12} = 1 + \frac{7}{12} \qquad \frac{19}{12} = 1 + \frac{7}{12} = 1\frac{7}{12}$$

A esta manera de escribir una fracción se la llama **número mixto**.

19 **Divide el numerador entre el denominador para averiguar qué números representan estas fracciones.**

$\frac{12}{6}$ $\frac{32}{4}$ $\frac{81}{3}$ $\frac{133}{7}$ $\frac{186}{6}$

20 **Escribe la parte coloreada como fracción y como número mixto.**

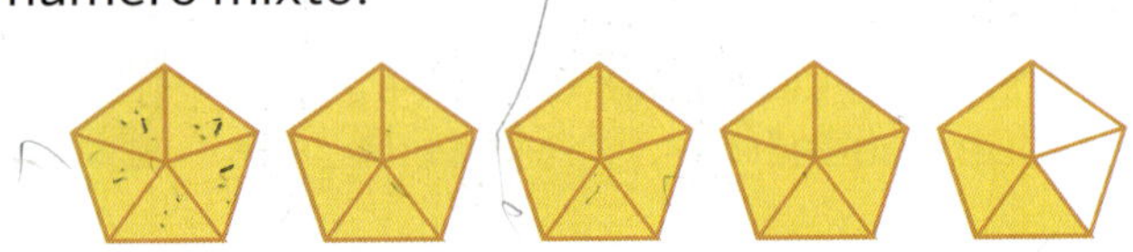

21 Observa estas fracciones y contesta.

$\frac{6}{2}$ $\frac{12}{4}$ $\frac{36}{12}$ $\frac{60}{20}$

a) ¿A qué número equivalen estas fracciones?

b) ¿Cómo son las fracciones que representan divisiones exactas con el mismo cociente? ¿Qué propiedad cumplen?

22 Expresa estas fracciones como suma de un número y una fracción.

$\frac{6}{4}$ $\frac{8}{3}$ $\frac{22}{7}$ $\frac{65}{12}$ $\frac{147}{26}$

Problemas

23 Mi hermano ha utilizado $\frac{6}{8}$ de litro de agua para lavarse la cara, $\frac{7}{8}$ de litro para lavarse las manos y $\frac{3}{8}$ de litro para lavarse los dientes. ¿Cuántos litros de agua ha utilizado en total?

24 Lourdes reparte 48 bolígrafos en cajas de una decena hasta completarlas ¿Qué fracción de cajas utiliza? ¿Cuántas cajas ha completado?

25 En la frutería de Tomás venden el kilo de fresas a 4 €. ¿Cuánto cuestan un kilo y tres cuartos de fresas?

26 En una tienda hay 15 paquetes de té de $\frac{1}{4}$ de kilo, 10 paquetes de $\frac{1}{2}$ kilo y 7 paquetes de 1 kilo. ¿Qué cantidad de té hay en la tienda en total? Exprésalo como número mixto.

Taller de matemáticas manipulativas

Número mixto con regletas.

1.° Elegimos la regleta marrón como unidad.

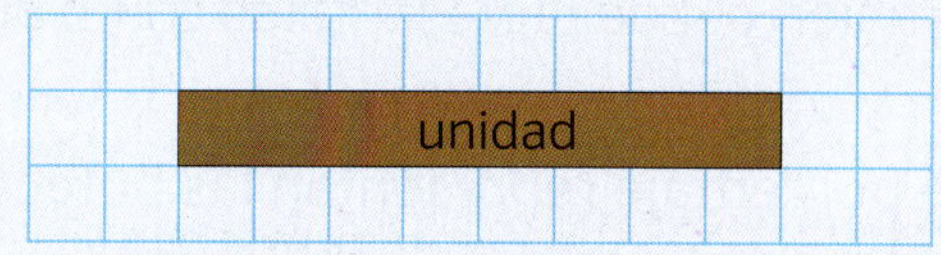

2.° Si la regleta marrón representa la unidad, entonces la regleta rosa representa $\frac{1}{2}$.

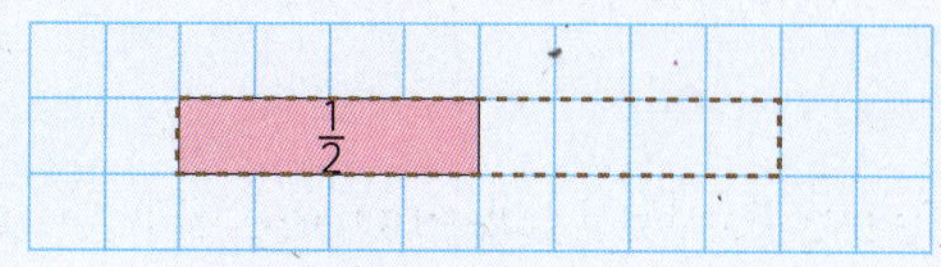

Observa que $\frac{1}{2} < 1$.

3.° Podemos representar $2\frac{1}{2}$ de este modo:

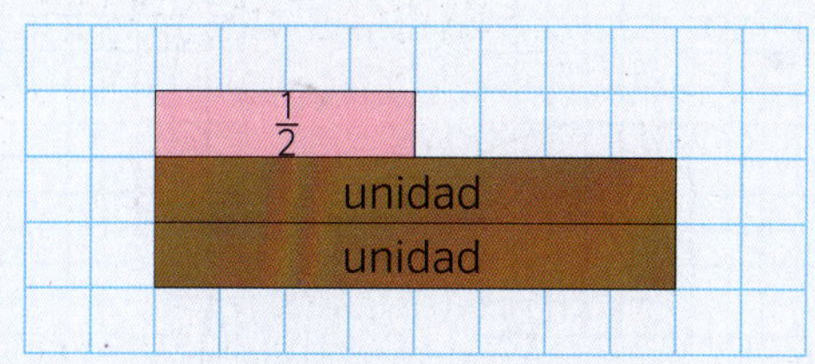

4.° Observa que $2\frac{1}{2}$ es igual a $\frac{5}{2}$.

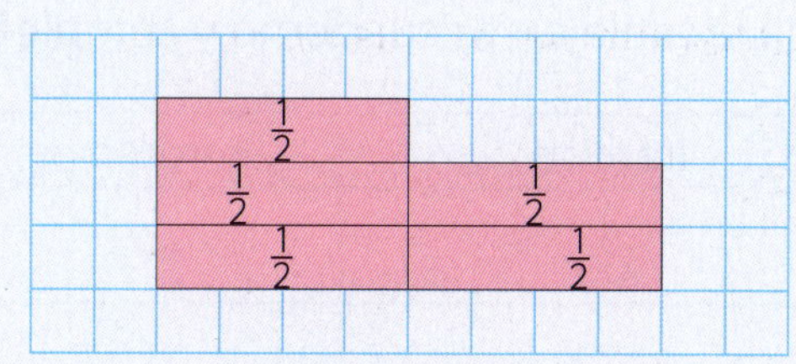

$$2\frac{1}{2} = \frac{5}{2}$$

1 Tomando como unidad la regleta marrón, ¿cómo representarías $3\frac{1}{4}$?

2 Toma como unidad la regleta azul y representa las siguientes expresiones.

$1\frac{1}{3}$ $3\frac{2}{3}$ $2\frac{4}{3}$

¿A qué fracción equivale cada caso?

4 Porcentajes

Los alumnos de 5.º han ocupado 30 de las 100 butacas del salón de actos. ¿Qué porcentaje de asientos ocupados hay?

- La fracción de asientos ocupados por los alumnos de 5.º es $\frac{30}{100}$, que también puede representarse como **30 %** y se lee ***treinta por ciento***.

¿Qué porcentaje representan las butacas vacías?

- Quedan 70 de 100 butacas vacías, es decir, $\frac{70}{100}$, que podemos representar como **70 %**.

Observa que 30 % + 70 % = 100 %.

Un **porcentaje** representa las partes que tomamos de un total de 100. Se expresa con un número seguido del símbolo **%**. También se representa con una fracción de denominador 100.

27 Copia los dibujos y colorea el porcentaje indicado en cada figura.

$\frac{1}{4} = 25\%$
$\frac{1}{2} = 50\%$
$\frac{3}{4} = 75\%$

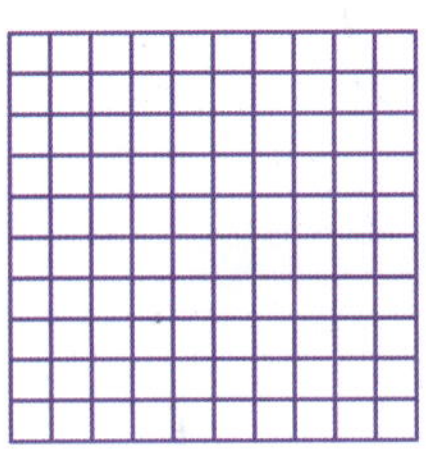

83 %

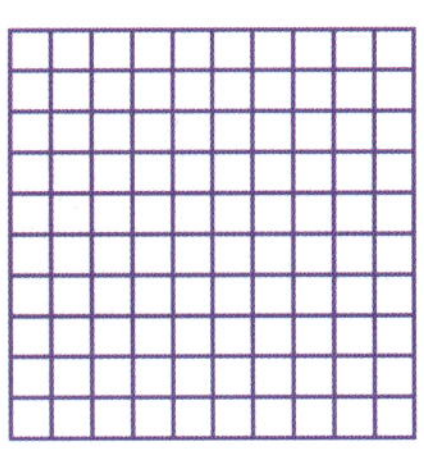

17 %

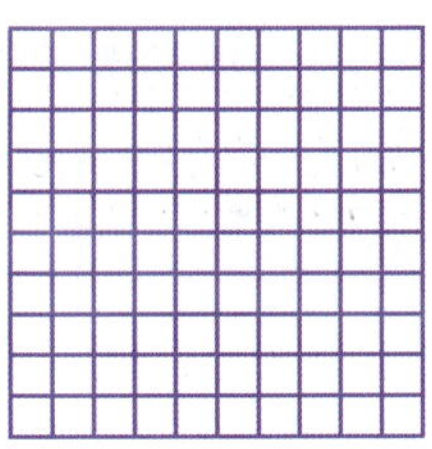

45 %

28 Copia la tabla en tu cuaderno y completa.

fracción	porcentaje	se lee
$\frac{2}{100}$	•••	•••
•••	•••	cien por ciento
•••	42 %	•••
•••	•••	sesenta y dos por ciento

29 Indica qué fracción irreducible puedes asociar con el 50 %.

A. $\frac{1}{2}$ B. $\frac{1}{4}$ C. $\frac{2}{3}$ D. $\frac{3}{4}$

Problemas

30 El 15 % de los libros de la biblioteca son de Aventura, el 22 %, de Ciencia Ficción, el 21 %, de Poesía, el 24 %, de Historia, y el resto son comics. ¿Qué porcentaje representan los comics?

5 Porcentaje de una cantidad

Una compañía aérea ha organizado 200 vuelos para el mes de diciembre. El 15 % de ellos están rebajados. ¿Cuántos vuelos tienen descuento?

Calculamos el 15 % de 200 vuelos, es decir, $\frac{15}{100}$ de 200. Podemos calcularlo de dos formas:

- $\frac{15}{100}$ de $200 = 200 : 100 \times 15 = 2 \times 15 = 30$
- $\frac{15}{100}$ de $200 = 15 \times 200 : 100 = 3.000 : 100 = 30$

▶ Tienen descuento 30 vuelos.

Un billete a Roma cuesta 150 € y tiene un descuento del 20 %. El precio final aumenta un 5 % por los gastos de gestión. ¿Cuánto cuesta el billete?

1.º Calculamos el descuento y se lo restamos al precio.

$$\frac{20}{100} \text{ de } 150\ € = 20 \times 150 : 100 = 30\ €$$

$$150\ € - 30\ € = 120\ €$$

2.º Calculamos el aumento y se lo sumamos al precio.

$$\frac{5}{100} \text{ de } 120\ € = 5 \times 120 : 100 = 6\ €$$

$$120\ € + 6\ € = 126\ €$$

▶ El precio final del billete es 126 €.

31 Calcula estos porcentajes.

6 % de 500 | 15 % de 260 | 24 % de 600 | 80 % de 850

32 Calcula los siguientes aumentos y disminuciones.

- Aumenta 70 un 20 %.
- Disminuye 32 un 50 %.
- Disminuye 120 un 35 %.
- Aumenta 310 un 40 %.

Problemas

33 El precio de una videoconsola sin aplicarle el 21 % de IVA es de 300 €.

a) ¿Cuál es el precio final de la videoconsola?

b) Por la compra de la videoconsola y un juego, nos descuentan un 20 % del precio total. Si compramos un juego de 37 €, ¿cuánto pagaremos por las dos cosas?

Problemas

Estrategia: Utilizar un dibujo

Tomás y Alma hacen una ruta de senderismo en cuatro etapas. En la primera etapa recorren $\frac{2}{7}$ de la ruta, en la segunda, $\frac{3}{7}$, en la tercera, la mitad de lo que queda, y en la última, 1.200 m. ¿Cuántos metros tiene la ruta?

- **¿Qué nos pide el problema?**

  Averiguar cuántos metros tiene la ruta.

- **¿Qué datos necesitamos?**

  Las fracciones de ruta recorridas: $\frac{2}{7}$, $\frac{3}{7}$ y $\frac{1}{2}$ de lo que queda.

  La longitud de la última etapa: 1.200 m.

- **¿Cómo se resuelve?**

  1.º Representamos gráficamente la fracción de ruta que recorren en cada etapa.

En la tercera y cuarta etapa recorren lo mismo: $\frac{1}{7} = 1.200$.

2.º Para saber los metros totales de la ruta, multiplicamos 1.200 por 7.

$$1.200 \times 7 = 8.400 \text{ m}$$

▶ **Solución:** La ruta tiene 8.400 m.

➲ Halla los metros que recorrieron en cada etapa y súmalos para comprobar el resultado.

1 En un concurso literario, 18 participantes presentaron poesías. Si representan los $\frac{2}{5}$ de los participantes, ¿cuántas personas se presentaron al concurso? Ayúdate de un dibujo y explica cómo lo has averiguado.

2 De los alumnos de un colegio, $\frac{1}{5}$ tiene clases extraescolares de danza, y del resto, la mitad las tiene de inglés.

a) ¿Qué fracción de alumnos tiene clases de inglés?

b) Si 288 alumnos acuden a clases de inglés, ¿cuántos alumnos hay en el colegio en total?

smSaviadigital.com
RESUELVE PROBLEMAS Paso a paso en la web.

Utiliza tus estrategias

1. Toni y su hermana Yolanda están preparando los ingredientes para hacer un bizcocho. ¿Cuántos gramos necesitan de cada uno?
   - 25 % del paquete de 800 g de azúcar
   - 60 % del paquete de 1 kg de harina
   - 32 % de la tarrina de 500 g de mantequilla
   - 50 % del sobre de 16 g de levadura

2. Miriam y Lucas están pintando su habitación. Lucas ha pintado $\frac{1}{4}$, y Miriam, $\frac{4}{9}$.
   a) ¿Cuánto han pintado entre los dos?
   b) ¿Qué parte le queda a Lucas para que haya pintado tanto como Miriam?

3. Un depósito tenía el lunes $\frac{6}{10}$ partes de su capacidad llenas de gasolina. Se han gastado $\frac{2}{10}$ durante la semana. ¿Qué parte ha quedado llena? Si en el depósito caben 600 ℓ de gasolina, ¿cuántos litros quedan?

4. Teo tiene 20 € de paga y ahorra todos los meses el 25 %. ¿Cuántos meses tendrá que ahorrar para comprar el ordenador si ya tiene 975 €?

A. 5 B. 6 C. 8 D. 10

5. En un terreno $\frac{6}{9}$ partes son edificables, $\frac{2}{12}$ partes son jardines, y el resto, parque infantil. ¿Qué fracción ocupa el parque infantil?

A. $\frac{1}{12}$ B. $\frac{1}{9}$ C. $\frac{1}{6}$ D. $\frac{1}{5}$

6. Sofía preparó 3 empanadas. Cada empanada necesita media hora de horno y este, un cuarto de hora de calentamiento. Si las metió una tras otra, ¿cuánto tiempo funcionó el horno?

A. Una hora y media C. Dos horas
B. Una hora y tres cuartos D. Una hora y cuarto

7. Felipe se comió ayer el 40 % del paquete de galletas y hoy 4 galletas menos que ayer. ¿Cuántas quedan en el paquete?

A. 4 C. 9
B. 10 D. 15

Inventa un problema

8. Observa esta operación e inventa un problema que se resuelva con ella. Después, calcula su solución.

21 % de 900

¿Tiene sentido?

9. Arturo dice que leyó $\frac{2}{5}$ de un libro anteayer, $\frac{1}{5}$ ayer y $\frac{3}{5}$ hoy. ¿Es posible?

10. Valeria ha comprado una colección de sellos por 300 €. Gael ha comprado la misma colección con un descuento del 20 % por 60 €. ¿Es esto posible?

Matemáticamente

Cálculo mental

Multiplicar por descomposición

231 × 6

231 × 6

200 × 6 + 30 × 6 + 1 × 6

1.200 + 180 + 6

1.386

231 × 6 = 1.386

172 × 40

172 × 40

100 × 40 + 70 × 40 + 2 × 40

4.000 + 2.800 + 80

6.880

172 × 40 = 6.880

1. Aplica la estrategia anterior y resuelve estas multiplicaciones en tu cuaderno.

181 × 4	272 × 5	362 × 3
275 × 20	231 × 30	428 × 40

2. Comprueba mentalmente los resultados de estas operaciones. Corrige en tu cuaderno las que estén mal hechas.

275 × 8 = 1.690	231 × 7 = 1.617	428 × 6 = 2.548
357 × 90 = 32.130	341 × 50 = 16.150	460 × 70 = 32.200

3. La profesora de Plástica de 5.° B ha propuesto a los alumnos decorar la pared del pasillo con flores de cartulina. Quieren colocar 5 filas con 125 flores en cada una. ¿Cuántas flores tendrán que pegar?

smSaviadigital.com
PRACTICA Utiliza esta estrategia de **cálculo mental.**

Retos matemáticos

1. Calcula $\frac{2}{5}$ de 400 con la calculadora sin utilizar la tecla del 2 ni del 5.

2. ¿Qué piezas necesitas quitar para que la figura que queda represente el 60 % de lo que había?

Repasa la unidad

Organiza tus ideas

Operar con fracciones

sumar fracciones

$\frac{2}{8} + \frac{3}{8} = \frac{2+3}{8} = \frac{5}{8}$ $\quad$ $\frac{1}{8} + \frac{1}{8} + \frac{1}{8} = 3 \times \frac{1}{8} = \frac{3 \times 1}{8} = \frac{3}{8}$

$\frac{2}{5} + \frac{1}{4} = \frac{8}{20} + \frac{5}{20} = \frac{13}{20}$

restar fracciones

$\frac{7}{8} - \frac{3}{8} = \frac{7-3}{8} = \frac{4}{8}$

$\frac{4}{5} - \frac{2}{3} = \frac{12}{15} - \frac{10}{15} = \frac{2}{15}$

fracción como división

$\frac{24}{12} = 24 : 12 = 2$

número mixto

$\frac{19}{12} = \frac{12}{12} + \frac{7}{12} = 1 + \frac{7}{12} = 1\frac{7}{12}$

porcentajes

$\frac{30}{100} = 30\ \%$

porcentaje de una cantidad

$\frac{15}{100}$ de $340 = 340 \times 15 : 100 = 51$

1 ¿Cuál es el resultado de estas sumas?

$\frac{2}{6} + \frac{3}{6}$ $\quad$ $\frac{4}{15} + \frac{9}{15}$ $\quad$ $\frac{5}{6} + \frac{2}{4}$ $\quad$ $\frac{3}{5} + \frac{1}{7}$

2 Observa y completa la suma en tu cuaderno.

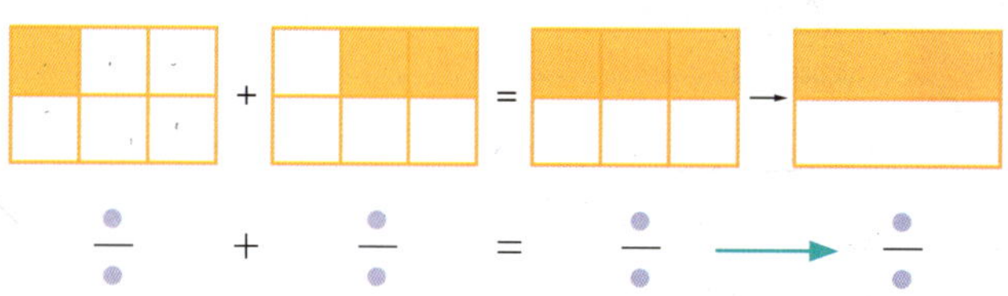

3 Resuelve las restas.

$\frac{7}{10} - \frac{3}{10}$ $\quad$ $\frac{9}{11} - \frac{2}{11}$ $\quad$ $\frac{6}{10} - \frac{2}{5}$ $\quad$ $\frac{3}{4} - \frac{1}{3}$

4 Calcula y expresa la fracción resultante como un número natural.

$9 \times \frac{4}{6}$ $\quad$ $\frac{3}{15} \times 5$ $\quad$ $6 \times \frac{9}{18}$

5 Expresa las siguientes fracciones impropias como número mixto.

$\frac{7}{3}$ $\quad$ $\frac{15}{7}$ $\quad$ $\frac{24}{5}$ $\quad$ $\frac{36}{17}$

6 Calcula el porcentaje de estas cantidades.

16 % de 250 $\quad$ 65 % de 140

Problemas

7 Yago bebe todos los días de la semana dos quintos de litro de zumo de naranja. ¿Cuánto zumo toma en diez días?

8 Rubén va al cole en tren. Camina $\frac{1}{4}$ de hora hasta la estación. El trayecto en tren dura $\frac{1}{2}$ hora. Desde la estación al cole tarda 8 minutos. Si entra a las 9:15 y salió de casa a las 8:20, ¿llegó a tiempo?

Vocabulario matemático

9 Escribe tres sinónimos de la palabra *fracción*. Compáralos con los de un compañero.

smSaviadigital.com

VALORA LO APRENDIDO Comprueba lo que sabes en la **autoevaluación**.

Repasa las unidades

1 **Utiliza estas palabras para escribir el mayor y el menor número posible de ocho cifras.**

doce · millones · mil · diez · setenta

2 **Completa en tu cuaderno con las cifras correspondientes.**

5.030.216 > 5.●29.637

600.301.003 < 600.●91.595

3 **¿Qué número hay que sumar a 45.056 para obtener 105.005?**

4 **Resuelve y comprueba con la calculadora.**

a) El menor número de cinco cifras multiplicado por el mayor número de tres cifras.

b) Dos decenas de millar dividido entre una unidad de millar.

5 **¿Qué errores se han cometido en estas operaciones? Corrígelas en tu cuaderno.**

a) $8 \times 3 + 4 \times 2 = 8 \times 7 \times 2 = 56 \times 2 = 112$

b) $7 \times 5 - 4 \times 6 = 35 - 4 \times 6 = 31 \times 6 = 186$

6 **Escribe la fracción que representa cada parte coloreada en estos dibujos.**

a) 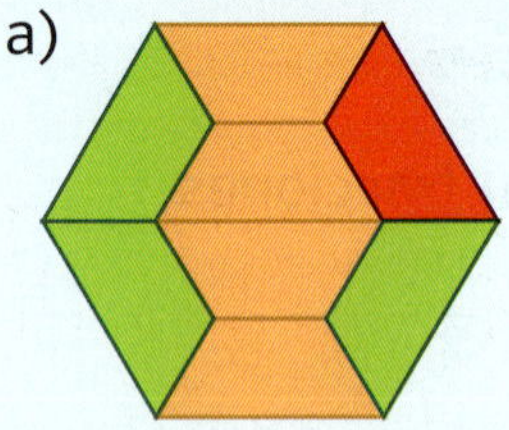

b) 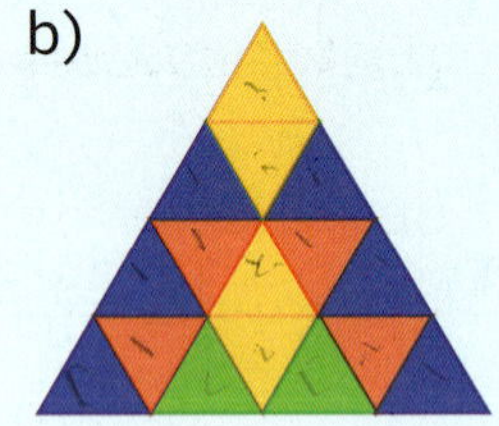

7 **¿Qué fracción no es equivalente al resto?**

$\frac{40}{60}$ $\frac{2}{3}$ $\frac{18}{27}$ $\frac{4}{9}$ $\frac{14}{21}$

8 **Copia estas parejas de fracciones y escribe > o < según corresponda.**

$\frac{3}{7}$ ●●● $\frac{5}{7}$ $\frac{6}{2}$ ●●● $\frac{6}{7}$ $\frac{5}{8}$ ●●● $\frac{2}{3}$

9 **Resuelve estas operaciones.**

$5 \times \left(\frac{7}{10} + \frac{3}{10}\right)$ $\left(\frac{2}{5} - \frac{1}{3}\right) \times 3$

10 **Completa en tu cuaderno.**

$\frac{36}{6}$ = ●●● : ●●● = ●●● $\frac{72}{●}$ = ●●● : ●●● = 9

$\frac{●}{●}$ = 45 : ●●● = 5

Problemas

11 **Para numerar las casas de una calle se utilizan azulejos como estos.**

a) Si los números de la calle empiezan en 1 y acaban en 50, ¿cuántos azulejos se necesitan en total?

b) ¿Cuántos azulejos se necesitan del número 9? ¿Y del número 4?

c) ¿Qué fracción del total de azulejos representan los azulejos del número 4 y el número 9?

12 **Alonso y su abuela quieren hacer un bizcocho con esta receta.**

a) Si en un vaso caben 180 g de harina, ¿tendrán suficiente con medio paquete de 750 g?

b) Entre los ingredientes que han medido con un vaso, ¿de cuál necesitan mayor cantidad?

c) ¿Qué cantidades hacen falta para preparar un bizcocho para 9 personas?

Bizcocho para 3 personas

$\frac{1}{2}$ vaso de leche

$\frac{1}{4}$ vaso de aceite

$1 + \frac{1}{4}$ vaso de harina

$\frac{3}{4}$ vaso de azúcar

2 huevos

1 cucharadita de levadura

Ponte a prueba

Interpreta la información

¡El Arquímedes inicia la tercera etapa!

La embarcación Arquímedes ha iniciado la tercera etapa de la carrera en que participa. En la primera etapa recorrió $\frac{1}{7}$ del trayecto, en la segunda, $\frac{2}{6}$, y en la tercera está previsto que recorra $\frac{1}{3}$.

Este barco lleva instaladas unas placas solares que le permiten ahorrar una décima parte del gasoil por cada tercio del trayecto recorrido.

1. ¿Qué fracción del recorrido ha realizado el Arquímedes en las dos primeras etapas?
2. ¿Qué fracción del recorrido le queda por hacer después de la tercera etapa?
3. ¿Qué fracción de gasoil ahorra en la tercera etapa?
4. ¿Qué fracción de gasoil ha ahorrado durante las dos últimas etapas recorridas? Explica cómo lo has averiguado.

   A. $\frac{1}{3}$ B. $\frac{10}{3}$ C. $\frac{1}{5}$ D. $\frac{3}{10}$

Tarea final **Elabora un collar**

PASO 1 En grupos de cuatro, formad parejas y repartíos tarjetas como las de la ilustración para hacer un collar.

¿Qué fracción del collar haces con tu pareja?

PASO 2 Uníos a la otra pareja.

¿Qué fracción del collar completáis entre los cuatro? ¿Os falta u os sobra parte del collar?

PASO 3 El collar debe tener 30 macarrones.

Aportad los macarrones que os corresponden a cada uno según la fracción que se indica en vuestra tarjeta.

PASO 4 Haced un mural para exponer en clase. Deben aparecer vuestro collar y la expresión con el total de macarrones a partir de las fracciones.

smSaviadigital.com
VALORA LO APRENDIDO ¿Cómo has trabajado en esta tarea?

Comprueba lo que has aprendido

¿Recuerdas todo lo que has aprendido durante este trimestre?

1 Resuelve estas operaciones.

63.496 + 578.611 + 2.367

75.352 × 453

72.431 – (34.178 + 15.298)

82.350 : 27

2 Indica qué operación es incorrecta.

A. $6 + 3 \times (5 - 3) \times 4 = 30$

B. $5 + 7 \times (5 - 2) = 26$

C. $7 \times (4 + 3) - 9 \times 4 = 13$

D. $21 - 28 : (2 + 5) = 12$

3 Escribe en forma de potencia las siguientes multiplicaciones.

a) $10 \times 10 \times 10$

b) 7×7

c) $4 \times 4 \times 4 \times 4 \times 4$

d) $10 \times 10 \times 10 \times 10$

4 Encuentra la cifra que falta para que los siguientes números sean divisibles entre 9.

6?4 31? ?99 5?2

5 ¿Qué fracción representa la parte coloreada de estas figuras? Expresa la solución con la fracción irreducible.

a) 

b) 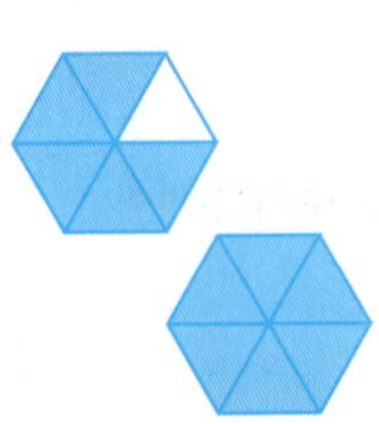

c) 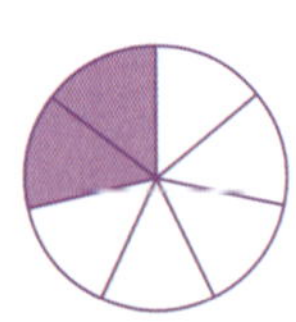

d) 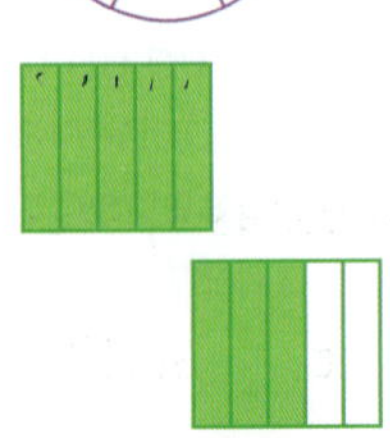

6 Completa las parejas de fracciones para que sean equivalentes entre sí.

$\frac{3}{13} = \frac{9}{\bullet}$ $\frac{14}{56} = \frac{\bullet}{8}$ $\frac{12}{15} = \frac{48}{\bullet}$ $\frac{21}{\bullet} = \frac{3}{8}$

7 Resuelve estas operaciones y ordena los resultados de menor a mayor.

a) $\frac{7}{12} - \frac{3}{12} + \frac{1}{12}$

b) $1 + \frac{1}{4}$

c) $5 \times \left(\frac{2}{9} + \frac{1}{3}\right) - \frac{2}{9}$

d) $\left(1 + \frac{3}{5}\right) + \left(1 - \frac{2}{3}\right)$

A. a - d - c - b

B. a - b - d - c

C. a - c - d - b

D. a - b - c - d

8 Ordena los siguientes porcentajes de mayor a menor en función del resultado.

a) 8 % de 50

b) 36 % de 100

c) 15 % de 420

d) 80 % de 620

A. a - b - c - d

B. c - d - a - b

C. b - c - d - a

D. d - c - b - a

9 Jonás se va a comprar esta bici en las rebajas. Tiene un 25 % de descuento. ¿Cuál es su precio final?

A. 125 € B. 105 € C. 115 € D. 100 €

Los números egipcios

Los egipcios utilizaban estos símbolos para expresar cantidades.

1. En este jeroglífico se han utilizado números egipcios y números naturales. ¿De qué cantidad se trata?

A. 999.600 B. 1.399.400 C. 1.300.000 D. 1.300.600

2. Completa la tabla en tu cuaderno.

Sistema de numeración egipcio	Nuestro sistema de numeración	Descomposición
	•••	•••
•••	•••	$3 \times 10^3 + 2 \times 10^2 + 5$
•••	1.313.000	•••

3. Responde verdadero (V) o falso (F) en tu cuaderno. Corrige las falsas.

a) Mil  equivalen a un .

b) El número  es múltiplo de 2 y de 3.

c) El símbolo  es igual a 10^6.

d) Diez  equivalen a un .

4. Dibuja con símbolos egipcios las soluciones de estas operaciones en tu cuaderno.

a) $\frac{15}{6} + \frac{4}{6} - \frac{1}{6}$ b) $\left(\frac{3}{2} - \frac{2}{3}\right) \times 12$ c) $\frac{3}{7}$ de 119 d) 6^3

Un viaje muy natural

PROYECTO TRIMESTRAL
Descubrimos la naturaleza

La Naturaleza en números

¿Sabes que también puedes utilizar las matemáticas para conocer un espacio natural? En esta actividad se investigarán las características de distintos espacios naturales.

El **Parque Nacional del Gran Cañón** es uno de los más antiguos de Estados Unidos. En este parque se encuentra el Gran Cañón, una garganta del río Colorado considerada una de las maravillas naturales del mundo.

Especies animales

- 355 de aves
- 89 de mamíferos
- 47 de reptiles
- 9 de anfibios
- 17 de peces

Distancia desde España

8.890.080 m

Temperatura máxima

29 °C

1 **Formad siete grupos de alumnos en clase. Cada grupo elegid un espacio natural y elaborad un informe similar al del Parque Nacional del Gran Cañón con:**

- Una breve descripción del espacio natural
- Una fotografía
- La cantidad de especies animales que lo habitan
- La distancia aproximada a la localidad del colegio
- La temperatura máxima del espacio natural

2 **Completad entre todos una tabla como esta.**

espacios naturales	especies animales					distancia	temperatura máxima
	aves	mamíferos	reptiles	anfibios	peces		
espacio natural 1	•••	•••	•••	•••	•••	•••	•••
espacio natural 2	•••	•••	•••	•••	•••	•••	•••
espacio natural 3	•••	•••	•••	•••	•••	•••	•••
espacio natural 4	•••	•••	•••	•••	•••	•••	•••
espacio natural 5	•••	•••	•••	•••	•••	•••	•••
espacio natural 6	•••	•••	•••	•••	•••	•••	•••
espacio natural 7	•••	•••	•••	•••	•••	•••	•••
total	•••	•••	•••	•••	•••		

3 **Utilizad los datos y construid un gráfico de barras con el total de las especies de cada clase animal. ¿Cuál es la más abundante? ¿Y la que menos?**

4 **Observad las distancias de la tabla.**

a) Subrayad los espacios naturales con este código de color según la cercanía.

1.º 2.º 3.º 4.º 5.º 6.º 7.º

b) ¿Cuál es la diferencia entre la distancia del espacio natural más cercano y el más lejano?

5 **Calculad qué fracción de espacios naturales tiene la temperatura máxima en estos rangos.**

entre 0 °C y 10 °C | entre 11 °C y 20 °C | más de 20 °C

- ¿Qué fracción es la mayor? ¿Y la menor?

El libro **Matemáticas** para **5.º** de **Primaria** forma parte del Proyecto Editorial de Educación Primaria de SM. En su realización ha participado el siguiente equipo:

Autoría
Gabriel Medina, Mercedes Garín, Carmen Hernández, Rafael Pérez, Cristóbal Macías, Miriam Peña, Rafael Ramírez, Javier Bernabeu, Alberto Navarro, Francisco Morales, José Manuel Vidal, María Nila Pérez, Zoraida de Armas, Yolanda González, Àngels Navarro

Edición
Aurora Bellido, Jesús Macías, Ana Casado, Eva Béjar, Oiana García, Ana Carvajal, Natividad Juarros, José Manuel Gómez, Arturo García, Nuria Hernanz, Lucía de la Rosa

Corrección
Javier López

Ilustración
Archivo SM; Diego Burdio Román; Dani; Cristina Picazo; Juan Antonio Rocafort; Enginyfactory; Triz; Sebastiá Serra; Jesús Gabán (cubierta)

Fotografía
Javier Calbet, Fidel Puerta, Sergio Cuesta/Archivo SM; ORONOZ; CMCD; THINKSTOCK; ABLESTOCK; 123RF; SHUTTERSTOCK; JOHN FOXX IMAGES; GETTY IMAGES; AGE FOTOSTOCK

Edición gráfica
Fidel Puerta

Diseño de cubierta e interiores
Estudio SM

Responsable del proyecto
Eva Béjar, Javier Bernabeu

Coordinación de contenidos digitales
Mara Mañas

Coordinación editorial de Matemáticas
Josefina Arévalo

Coordinación editorial de Primaria
Pilar Menéndez, Nuria Corredera

Dirección de Arte del proyecto
Mario Dequel

Dirección editorial
Aída Moya

Ilustración de cubierta
de Jesús Gabán,
del libro *Versos del bosque*,
Ediciones SM, 2013.

Este libro está impreso
en papel procedente de
bosques gestionados
de manera sostenible.

Impreso en la UE / *Printed in EU*